Miniorchideen

AUTOREN: KERSTIN UND FRANK RÖLLKE | FOTOS: GUIDO SACHSE

Inhalt

4 Miniorchideen-Praxis

28 Miniorchideen-Porträts

Extras

Miniorchideen-Praxis

Miniorchideen sind die zauberhafte Lösung für alle, die der Faszination der exotischen Blütenschönheiten verfallen sind, aber nur wenig Platz haben. Und in puncto Formen- und Farbenreichtum halten die Minis mühelos mit ihren großen Schwestern mit.

Prinzessinnen auf der Fensterbank

Wenn die großen Orchideen die Königinnen unter den Zimmerpflanzen sind, dann sind Miniorchideen die Prinzessinnen. Und seit ein paar Jahren sind sie groß im Kommen: Miniorchideen haben mittlerweile ihren festen Platz im Sortiment und werden bei Orchideenliebhabern immer beliebter. Denn während die meisten normalwüchsigen Orchideen erst blühen, wenn sie ein gewisses Alter und die entsprechende Größe erreicht haben, präsentieren die Minis ihren Blütenschmuck, ohne gleich Anspruch auf ein großes Blumenfenster oder eine breite Fensterbank anzumelden.

Miniorchideen passen fast überall hin: Sie finden, ohne zu stören, auf jedem Schreibtisch Platz und wirken als Blickfang auf dem Beistelltisch genauso hübsch wie auf dem Esstisch. Auf Äste aufgebunden oder im Körbchen kultiviert, sind Miniorchideen ein exotischer Augenschmaus. Und wen die Orchideenleidenschaft gepackt hat, dem eröffnen die Minis ganz neue Möglichkeiten: Niemand braucht mehr ein Gewächshaus oder einen Wintergarten, denn die ganz persönliche Auswahl aus der breiten Palette der Miniorchideen findet auch auf der Fensterbank Platz.

Klein und einfach

Im Prinzip sind Miniorchideen so wenig kapriziös wie ihre großen Verwandten: Viele Mini-Varianten – etwa von *Phalaenopsis, Cattleya, Dendrobium* oder *Oncidium* – sind an das Klima in Wohnräumen perfekt angepasst. Und auch seltenere Vertreter wie etwa *Phleurothallis* lassen sich gut pflegen, wenn man ihre Bedürfnisse kennt. Oberstes Gebot bei der Kultur ist jedoch Regelmäßigkeit, denn grobe Fehler stecken die Minis doch etwas schlechter weg als ihre großen Kolleginnen.

Miniorchideen stellen sich vor

Wie groß oder klein darf eine Miniorchidee sein? Weil es eine exakte Definition nicht gibt, haben wir uns in diesem Buch darauf geeinigt, solche Orchideen als Minis zu bezeichnen, die in Töpfen mit bis zu 9 cm Durchmesser Platz finden. Sie lassen sich in folgende drei Gruppen einteilen:

Gezüchtete Miniorchideen Den größten Teil des Sortiments machen Miniorchideen aus, die durch Züchtung aus normalwüchsigen Arten hervorgegangen sind. Die Nase vorn haben – wie bei den großen Vertretern auch – *Phalaenopsis*-Orchideen. Mini-*Phalaenopsis* werden gerade mal 5–20 cm breit und 10–25 cm hoch. Ihre Blütenrispen sind reich besetzt, oft verzweigt und meist anmutig gebogen. Seit den 1980er-Jahren wurden auch von *Cattleya*

Miniformen gezüchtet. Sie blühen aber nicht so lange und leicht wie *Phalaenopsis*. Inzwischen findet man auch klein gezüchtete *Dendrobium* und *Oncidium*. Nur in Spezialgärtnereien erhält man dagegen Miniformen von *Paphiopedilum*, den Frauenschuhen. Und die Newcomer auf dem Siegeszug in die Wohnungen sind *Masdevallia*-Miniorchideen.

Früh blühende Miniorchideen Diese Orchideen blühen von Natur aus bereits als junge Pflanzen – spätestens, wenn sie groß genug für einen Topf mit 9 cm Durchmesser sind. Allerdings bleiben sie nicht klein. *Prosyclia* Green Hornet etwa blüht jung, wird aber später über 40 cm hoch. Viele früh blühende *Bulbophyllum* bleiben zwar niedrig, bilden aber viele Seitentriebe. *Oerstedella centradenia* wiederum wächst kletternd und bildet viele Ableger. Doch fast alle Vertreter dieser Gruppe lassen sich teilen – so kann man Teilstücke als Miniorchideen kultivieren.

Naturformen Zu dieser Gruppe zählen besonders reizvolle Miniorchideen der Gattungen *Aerangis*, *Comparettia* oder *Pleurothallis,* die von Natur aus sehr klein sind und bleiben. Viele gedeihen auf der Fensterbank, doch sie eignen sich besonders gut für Orchideenvitrinen, wo man sie auf Ästen aufgebunden präsentiert.

Typisch Orchidee

Wie die großen zeigen auch Miniorchideen die unverwechselbaren Orchideenmerkmale:

Grundbauplan aller Orchideenblüten: Sepalen (1), Petalen (2), Fahne (1a), Lippe (2a) sowie die Säule (3) mit den Fortpflanzungsorganen

Große Versammlung auf der Fensterbank: Hier zeigen sich Miniorchideen in ihrer ganzen Pracht. Von links nach rechts: *Paphiopedilum charlesworthii*, *P. callosum* var. *thailandense*, *Phalaenopsis* Mini Mark, *Tolumnia*-Hybride, *Phalaenopsis* Sogo Yenlin und *Doritaenopsis* Sogo Gotris

› Ihre spiegelsymmetrischen Blüten haben sechs Blütenblätter, die zu je drei in einem äußeren Kreis (Sepalen) und einem inneren Kreis (Petalen) stehen. Das nach oben zeigende Sepalum ist zur Fahne, das nach unten zeigende Petalum zur Lippe umgeformt.

› Die Vorfahren unserer Orchideen leben in tropischen Wäldern als Epiphyten auf Bäumen. Sie entziehen den Bäumen aber keine Nährstoffe. Ihre Wurzeln sind von einer speziellen Schicht, dem Velamen, umgeben, mit dem sie Feuchtigkeit und Nährstoffe aus der Luft aufnehmen können. Nur *Paphiopedilum* und einige weniger bekannte Gattungen sind terrestrisch, wachsen also in der Erde.

› Monopodiale Orchideen wie *Phalaenopsis* oder *Vanda* bilden nur einen einzelnen Trieb, der in die Höhe wächst. Sympodiale Orchideen wie *Cattleya*, *Dendrobium* oder *Oncidium* bilden mehrere Seitentriebe und wachsen dadurch in die Breite. Sie bilden oft am Ansatz der Blätter feste, fleischige, kugelige bis ovale Organe, die sogenannten Bulben.

Die gute Wahl: Augen auf beim Kauf

Ist Ihre Lust auf Miniorchideen geweckt? Dann sollten Sie sich nach guten Spezialgeschäften in Ihrer Nähe erkundigen. Denn lediglich Mini-*Phalaenopsis* und einige wenige andere Arten sind inzwischen in Supermärkten erhältlich. Die meisten Minis werden heute nur in Orchideengärtnereien angeboten. Neben der sehr viel größeren Auswahl an gesunden Pflanzen erhalten Sie dort außerdem eine fundierte Fachberatung. Dies ist besonders wichtig, denn manche etwas ausgefallenere Arten und Gattungen unter den Miniorchideen haben an Pflege und Standort ganz spezielle Ansprüche. Außerdem können Sie bei den meisten Orchideengärtnereien die Pflanzen auch per Internet bestellen.

Mein Tipp Informieren Sie sich vor dem Kauf gründlich über die verschiedenen Arten. Am besten können Sie das auf einer Orchideenausstellung. Sie bietet die Möglichkeit, die Sortimente der verschiedenen Züchter ausgiebig zu begutachten.

Ganz wichtig: Artenschutz

Bei den echten Miniorchideen und allen anderen Naturformen sollten Sie darauf achten, dass die Pflanzen im Labor nachgezogen wurden. Denn alle wilden Orchideen sind geschützt, der Handel mit ihnen ist verboten. Trotzdem kommt es vor, dass Orchideen aus der Natur entnommen und verkauft werden. Solche Pflanzen wachsen in unseren Breiten nicht an, denn sie sind das deutlich bessere Lichtangebot und die Luftfeuchte der Tropen gewohnt. Einige Gärtnereien aus den Ursprungsländern ziehen Orchideen in ihrem eigenen Labor und bieten diese an. Für solche Nachzuchten wird ein CITES ausgestellt (→ Seite 58), das besagt, dass der Handel mit diesen Pflanzen gestattet ist.

Gesundheitscheck für Miniorchideen

Auch wenn eine Miniorchidee auf den ersten Blick noch so hübsch aussieht – prüfen Sie vor dem Kauf unbedingt die Pflanzenqualität. Denn nur gesunde Minis blühen reich und halten lange.

Fachgeschäfte und Orchideengärtnereien lassen (fast) keine Wünsche offen. Hier finden Sie außer den gängigen Arten auch ausgefallene Miniorchideen.

1 Ein Zeichen von Vitalität: Die Miniorchidee hat einige offene Blüten und viele Knospen. Sind diese prall und grün, ist eine lange Blühphase sicher.

2 Intakte Wurzeln sind knackig und haben grüne Spitzen. Im Klarsichttopf können Sie die Anzahl der Wurzeln und ihre Farbe sehr gut kontrollieren.

3 Gesunde Blätter sind grün, stramm, glänzend und frei von Läusen. Besitzt eine Orchidee Bulben, dürfen diese nicht schrumpelig sein.

› Kaufen Sie Miniorchideen, die sowohl offene Blüten als auch Knospen haben. Lassen Sie Pflanzen mit trockenen, welken oder gelblichen Knospen stehen – sie werden sicher nicht mehr aufgehen.

› Steht die Pflanze fest im Topf? Sie sollte auch nicht wackeln, wenn Sie sie leicht schräg halten oder etwas daran ziehen.

› Bevorzugen Sie Miniorchideen in transparenten Töpfen. Hier können Sie leicht erkennen, ob die Pflanze reichlich Wurzeln hat. Gesunde Wurzeln sind grau bis grün und haben grüne Wurzelspitzen.

› Die Blätter einer Miniorchidee sollten sich fest anfühlen und gesund und glänzend sein. Welke, schlaffe Blätter sind ein Zeichen schlechter Pflege.

› Bei sympodial wachsenden Orchideen suchen Sie möglichst Pflanzen aus, die bereits Neutriebe haben. Manche Arten von *Cattleya* und *Dendrobium* bilden allerdings erst nach der Blüte Neutriebe.

› Falls Sie eine Orchidee mit Bulben – etwa *Oncidium* – wählen, sollten diese prall und fest sein. Schrumpelige oder stark eingefallene Bulben zeugen von Wasser- oder Nährstoffmangel.

› Das versteht sich fast von selbst: Ihre Minis sollten frei von Läusen und anderen Schädlingen sein. **Sicher nach Hause** Gute Geschäfte packen Ihre Miniorchideen sorgfältig ein, sodass die Pflanzen nicht beschädigt werden. Bei Kälte schützen einige Lagen Zeitungspapier. Im Auto stellen Sie die Pflanzen am besten in den Fahrgastraum. Im Kofferraum ist es meist zu heiß oder zu kalt.

Hier finden Sie gute Qualität

STANDORT Die Minis stehen an einem hellen Platz, der gut gelüftet, aber frei von Zugluft ist.

PFLEGE Die Pflanzen leiden weder unter Staunässe, noch ist der Wurzelballen ausgetrocknet.

VERPACKUNG Die Miniorchideen werden offen und nicht in Klarsichtfolie verpackt angeboten.

BERATUNG Das Personal geht auf Ihre Fragen ein und kann fundierte Auskunft geben.

Standorte für Miniorchideen

Wie alle Orchideen stammen auch die Vorfahren der Miniorchideen aus den Tropen. Deshalb brauchen sie einen Platz mit viel Licht, aber ohne pralle Sonne. Weil sie so klein sind, gibt es bei den Minis aber mehr Spielraum bei der Standortwahl.

› Gut geeignet sind Ost- und Westfenster mit viel Morgen- oder Abendsonne. Achten Sie aber darauf, dass die Miniorchideen dort nicht im Schatten größerer Pflanzen oder des Fensterrahmens stehen. Manchmal ist es sinnvoll, sie etwas erhöht zu stellen.

› An einem Südfenster lassen sich Miniorchideen sehr viel eher unterbringen als ihre großen Schwestern. Hier wirkt sich die Nachbarschaft größerer Zimmerpflanzen positiv aus – unter diesem »Sonnenschirm« wird es für die Minis nicht zu heiß. Werden sie aufgebunden kultiviert (→ Seite 21), kann man sie auch gut in eine andere Pflanze hängen. Fehlen solche Nachbarpflanzen, sollten Sie die Minis an heißen Tagen mit Jalousien oder an die Scheibe geklebtem Seidenpapier schützen.

In der ersten Reihe: Ein paar Wochen dürfen Sie Ihre Miniorchideen so platzieren, dass Sie die Blütenpracht genießen können. Dann brauchen die Pflanzen wieder einen hellen Standort.

› Auch ein großes Nordfenster kann für Miniorchideen hell genug sein, wenn nicht Bäume oder Dachüberstände Schatten werfen. Im Winter kann es sinnvoll sein, ein Zusatzlicht anzubringen.

Wichtig Stellen Sie Ihre Orchideen immer direkt ans Fenster. Die Lichtmenge halbiert sich bereits bei einem Abstand von nur 1 m vom Fenster.

Der große Auftritt Natürlich möchten Sie Ihre Miniorchideen zur Blütezeit auf dem Esstisch oder gut sichtbar auf einem Sideboard präsentieren. Auf Dauer reicht hier das Licht jedoch nicht aus. Lassen Sie Ihre »Schmuckstücke« deshalb nicht länger als vier bis sechs Wochen an solchen Standorten – so lange tolerieren sie einen leichten Lichtmangel.

Warm, temperiert oder kühl?

Entscheidend für eine erfolgreiche Kultur der Miniorchideen ist die richtige Temperatur. Wichtig ist dabei der Temperaturunterschied zwischen Tag und Nacht: Die sogenannte Nachtabsenkung brauchen Orchideen, um wieder gut zur Blüte zu kommen.

› Viele pflegeleichte Orchideen wie Mini-*Phalaenopsis* werden warm kultiviert. Sie fühlen sich bei Zimmertemperatur am wohlsten. Am Tag schätzen sie 20–24 °C, nachts muss es mindestens 4 °C kühler sein. Die Werte sollten nie unter 16 °C sinken.

› Auch temperierte Räume eignen sich. Temperiert-warm werden *Aerangis* gepflegt. Sie möchten am Tag 18–24 °C, in der Nacht 14–16 °C. Temperiert-kühle Werte braucht *Cattleya*: Am Tag reichen 18–22 °C, nachts darf es bis auf 12 °C abkühlen.

› Einen kühlen Standort wünschen einige Arten aus den Gattungen *Masdevallia* und *Pleurothallis:* Ihnen reichen tagsüber 16–20 °C, nachts darf die Temperatur auf etwa 10 °C sinken.

› Einige Orchideen wie *Oncidium* und viele *Dendrobium*-Arten brauchen eine sogenannte Ruhephase nach der Blüte, in der sie für etwa zwei Monate kühler stehen. In dieser Zeit, in der sich der Neutrieb mit den nächsten Knospen entwickelt, sind sie im Gästezimmer oder hellen Flur gut aufgehoben. Ist der Trieb ausgewachsen und zeigt sich die Blütenrispe, dürfen sie ins Warme umziehen oder in einem kühlen Raum stehen bleiben.

Nicht vergessen: die Luftfeuchte

Miniorchideen brauchen eine hohe Luftfeuchte. Sie können im Topf wenig Wasser speichern, verdunsten aber über die relativ großen Blätter viel Wasser. Noch wichtiger ist eine hohe Luftfeuchte für aufgebunden kultivierte Orchideen wie *Pleurothallis* und Co. Gönnen Sie Ihren Minis deshalb regelmäßig ein Sprühbad oder erhöhen Sie die Luftfeuchte mit anderen Mitteln (→ Seite 22) – vor allem an heißen Sommertagen und in der Heizperiode.

Glaspalast: In sogenannten Tiffany-Häuschen finden zahlreiche Miniorchideen das für sie perfekte Kleinklima mit viel Wärme und hoher Luftfeuchtigkeit.

Blütenschönheiten hinter Glas

Wird der Platz für Ihre Orchideensammlung knapp? Oder möchten Sie besonders wärmeliebende Arten kultivieren? Kein Problem – geschützt unter Glas finden Sie für jede Mini den optimalen Platz.

Das geschlossene Blumenfenster

Eine zum Orchideenfenster ausgebaute Fensterbank bietet Miniorchideen ein optimales Klima.

› Verbreitern Sie die Stellfläche, indem Sie ein möglichst tiefes Fensterbrett einbauen.

› Streichen Sie die Wände um das Fenster mit Wasser abweisender Farbe und statten Sie die Fensterbank mit Pflanzenschalen und Gitterrosten aus. So kann Gieß- und Sprühwasser nicht schaden.

› An den Fensterseiten bringen Sie hohe, schmale Scheiben an, sodass das Fenster an drei Seiten geschlossen ist. In diesem halb geschlossenen Bereich hält sich die Luftfeuchtigkeit besonders gut.

› Auf der verbreiterten Fensterbank können Sie die Pflanzen in Reihen aufstellen. Damit auch die in der letzten Reihe genug Licht bekommen, bringen Sie ein oder zwei Daylight- oder Truelightröhren an der Decke an. Diese können je nach Jahreszeit und Lichtverhältnissen geschaltet werden (→ Seite 22).

Die Orchideenvitrine

Speziell für Miniorchideen sind Vitrinen der perfekte Platz. Hier bleibt die Luftfeuchtigkeit konstant hoch, und die Minis wirken – an Ästen aufgebunden und mit Grünpflanzen und Moos kombiniert – fast wie am Naturstandort. Vor allem Arten wie *Sophronitis coccinea, Comparettia speciosa* oder *Dendrobium aberrans,* die es warm und feucht brauchen, laufen hier zu Höchstform auf.

Im Handel sind Orchideenvitrinen nur wenig erhältlich. Am besten bauen Sie sie deshalb aus Holzrahmen- oder Alugestell plus Glasscheiben selbst. Oder Sie funktionieren ein ausgedientes Terrarium um. Große Türen erleichtern die Pflegearbeiten.

Wichtig Damit die Pflanzen genug frische Luft bekommen, sollten im unteren Bereich Lüftungsschlitze vorhanden sein. Für die Luftzufuhr sorgen Venti-

Für jede Miniorchidee den besten Platz bietet ein Gewächshaus – ob im Halbschatten oder in lichter Höhe.

Ein Eckchen Tropenwald fürs Wohnzimmer: In einer Vitrine zeigen Miniarten, die es besonders warm und feucht mögen, was in ihnen steckt.

Auch ein Wintergarten bietet Standorte für unterschiedliche Ansprüche. Das macht ihn zum idealen Ort für eine große Orchideensammlung.

latoren im oberen Bereich der Vitrine. Unverzichtbar ist auch ein Pflanzenlicht. Zur Temperaturkontrolle dient ein Minimum-Maximum-Thermometer.

Miniorchideen im Wintergarten

Für eine größere Sammlung unterschiedlichster Minis ist ein Wintergarten optimal – am besten in Ost- oder Westausrichtung. Er sollte über eine Schattierung verfügen, damit er sich bei Sonne nicht zu stark aufheizt. Weil für die meisten Minis eine Nachttemperatur von mindestens 14 °C ideal ist, ist auch eine Heizung nötig. Im Wintergarten entsteht eine Vielfalt an Klimaräumen: An der Decke ist es besonders hell und warm, an der Hauswand ist die Temperatur gleichmäßig und an den Scheiben kühlt es nachts am stärksten aus. Die Temperaturverläufe können Sie einfach überprüfen: Datenlogger für Temperatur und Luftfeuchtigkeit zeichnen am Computer sehr informative Kurven.
Die Alternative: ein Gewächshaus Der Bau eines Gewächshauses ist für viele Orchideenliebhaber ein

Traum. Hier können Sie sogar zwei getrennte Temperaturzonen einrichten. Bewährt sind Aluminiumkonstruktionen mit einer Eindeckung aus Doppelstegplatten. Moderne Heiztechniken und gute Isolierung sind heute ebenso selbstverständlich wie automatische Belüftung und Schattierung.

Tut gut – das **Sommerquartier**

FRISCHE LUFT Miniorchideen, die einen temperierten bis kühlen Standort brauchen, tut ein Sommerquartier im Freien gut. Die frische Luft härtet sie ab. Etwa ab Mitte Mai, sobald es nachts nicht kälter als 10 °C wird, dürfen sie bis etwa Mitte September nach draußen. Gut ist ein luftfeuchter Platz in einem Schatten spendenden Baum oder unter einem Regendach aus Latten und Folie. Zum Schutz vor Bodenkälte und Schnecken aufhängen oder auf Tische oder Regale stellen!

Bühne frei für Miniorchideen

Miniorchideen wirken ganz für sich allein. Noch besser kommen sie allerdings zur Geltung, wenn man sie in einem ausgewählten Gefäß und in der Kulturform präsentiert, die ihren Charakter ganz besonders betonen.

1 Luftig: Korbkultur

Fast alle Miniorchideen können Sie in ein Körbchen pflanzen (→ Seite 17). Besonders schön ist diese Kulturform für Orchideen mit hängenden Blütenrispen wie *Dendrochilum* (→ Abb. 1) oder *Phalaenopsis equestris* – so können die Rispen fast wie im Urwald grazil herabhängen. Und das luftige Kleinklima im Korb tut den sensiblen Orchideenwurzeln gut. Manche Arten wie *Ascocentrum miniatum* oder *Tuberolabium kotoense* können Sie sogar ohne Substrat in den Korb setzen. Hängen Sie die Körbchen aber nur an einen Platz wie ein Orchideenfenster, in den Wintergarten oder in eine Vitrine, wo tropfendes Gießwasser keinen Schaden anrichtet.

2 Natürlich: Blockkultur

Diese Lebensweise entspricht den epiphytischen Orchideen am meisten. Aufgebunden auf ein Stück Holz, Kork oder einen Ast (→ Seite 17 und 21), präsentieren sie sich wie im Dschungel. Und bei den Miniorchideen gelingt das Aufbinden ganz leicht. Besonders geeignet sind Arten der Großgattung *Pleurothallis* und *Vanda*, aber auch Hybriden wie *Howeara* (→ Abb. 2).

3 Gut kombiniert in einer Schale

In geräumigen Schalen finden während der Blüte viele verschiedene Orchideen, hier *Phalaenopsis mannii* (→ Abb. 3), nebeneinander Platz. Am besten kombiniert man mehrere Minis in Einzeltöpfen in der Schale. Mit Rinde, Moos und ein paar Steinen abgedeckt, wirkt das Arrangement besonders gut. Sorgen Sie immer für eine gute Dränage, damit die Minis nicht unbemerkt zu nass stehen. Nach der Blüte pflegt man die Pflanzen besser wieder einzeln weiter.

4 Klassisch: Topfkultur

Ganz klassisch präsentiert man Miniorchideen im Topf (→ Seite 17). Viele – wie diese *Paphiopedilum* (→ Abb. 4) – werden häufig schon im passenden Übertopf gekauft, der farblich auf die Blüten abgestimmt ist. Typische Orchideenübertöpfe sind relativ schmal und hoch. Zudem besitzen sie innen auf dem Boden einen erhöhten Rand, sodass ein Reservoir entsteht, in dem sich überschüssiges Wasser sammeln kann. Das hat zwei Vorteile: Der innere Topf mit den Wurzeln kann nicht im Wasser stehen, und durch das nach und nach verdunstende Wasser entsteht ein perfektes Mikroklima. Übertöpfe gibt es auch in Form von Hängeampeln. Sie empfehlen sich besonders für Miniorchideen mit hängenden Blütenrispen.

5 Fantasievolle Gefäße

Natürlich können Sie als Übertopf für Ihre Miniorchideen auch jedes andere Gefäß wählen. Wichtig ist nur, dass Sie für eine Dränage sorgen und genug Luft um den inneren Topf zirkulieren kann. Mit Dekomaterial, das perfekt auf die Blütenfarbe abgestimmt ist, wie bei dieser *Phalaenopsis* (→ Abb. 5), entsteht ein dekorativer Blickfang.

Die Basics: Substrat, Gefäße, Unterlagen

Fast alle Miniorchideen wachsen in der Natur epiphytisch und begnügen sich mit Regenwasser und wenig Nährstoffen, die sie mit Luftwurzeln aus der Luft aufnehmen. Nur *Paphiopedilum*-Orchideen sind »bodenständig« und wachsen in der Erde. Aus der epiphytischen Lebensform leiten sich die Ansprüche der Minis an Substrat und Töpfe ab.

Die Grundlage: gutes Substrat

Weil Miniorchideen Staunässe nicht vertragen, brauchen sie ein luftiges Substrat. Blumenerde bekommt den kleinen Exoten nicht, weil sie zu viele Nährstoffe enthält und Feuchtigkeit zu lange speichert. Es lohnt sich deshalb, hochwertiges Orchideensubstrat zu kaufen. In Fachgeschäften, bei Züchtern, im Internet und auf Orchideenausstellungen finden Sie ein breites Angebot.

› Als Grundsubstanz hat sich mediterrane Pinienrinde durchgesetzt. Sie verrottet sehr langsam, speichert wenig Wasser und lässt genug Luft an die Wurzeln. Es gibt sie in verschiedenen Körnungen. Für Miniorchideen wählen Sie die feine Körnung: Sie verteilt sich besser zwischen den zarten Wurzeln, die dieses Substrat leicht durchdringen können. Die Rinde darf aber keine Staubelemente enthalten, weil sich das Substrat sonst rasch verdichtet.

› Als feuchtigkeitsspeicherndes Element wird die Rinde meist mit Neuseelandmoos (Sphagnum) vermischt. Es nimmt Wasser gut auf und gibt es auch leicht wieder an die Pflanze ab. Bewährt hat sich gehacktes Sphagnum, das – obwohl es sehr fein aussieht und sich in der Verpackung gern unten absetzt – nicht verdichtet oder zersetzt.

› Für Minis mit besonders feinen Wurzeln, Jungpflanzen und feucht zu pflegende Arten kann man pures, langfasriges Sphagnum verwenden. Es wird auch beim Aufbinden von Orchideen unter bzw. über die Orchideenwurzeln gelegt. Sphagnum wird getrocknet in lockeren Fasern oder in gepressten Stücken verkauft. Vor der Verwendung wird es gewässert und dann wieder leicht ausgedrückt.

Ganz in ihrem Element ist die auf einem Ast aufgebundene *Oerstedella centradenia.* Sie öffnet mehrere Monate lang ihre filigranen Blüten.

Gut geerdet im Topf

Terrestrische Orchideen müssen im Topf gepflegt werden, doch auch sehr viele Epiphyten gedeihen im Gefäß genauso gut wie aufgebunden.

› Damit das Gießwasser schnell abfließt, brauchen die Gefäße Löcher im Boden. Stelzfüßchen sorgen dafür, dass zwischen Abzugslöchern und Untersetzer Luft zirkuliert und die Wurzeln nach dem Gießen rasch abtrocknen.

› Bevorzugen Sie transparente Kunststofftöpfe: So können Sie die Feuchtigkeit im Topf kontrollieren und haben im Blick, ob die Wurzeln gesund sind.

› In Gittertöpfen stehen Wurzeln besonders luftig. Das Plastikgitter hält nur das Substrat zusammen.

› Spezielle Orchideentöpfe sind unten kaum enger als oben, damit die Wurzeln reichlich Platz haben.

Aufgebunden oder im Korb

Viele Minis eignen sich ideal für die Block- und für die Korbkultur. Wichtig ist die richtige Unterlage.

› Ein schönes Aststück aus hartem Holz oder Rebholz in der passenden Größe und mit festem Draht zum Aufhängen versehen, sind prima Unterlagen.

› Sehr gut bewährt haben sich dekorative Korkeichenstücke, auf denen die Orchideen gut wurzeln.

› Ebenfalls ein Klassiker sind unten geschlossene Tonröhren, in die man das Gießwasser füllt. Über den porösen Ton werden die Wurzeln ständig leicht mit Feuchtigkeit versorgt.

› Relativ neu auf dem Markt ist Epiweb, ein synthetisches, poröses Material, in dem Orchideenwurzeln wunderbar Halt finden. Es ist in verschiedenen Größen und Formen erhältlich.

› In Holzkörbchen zum Aufhängen pflegt man Minis mit oder ohne Substrat. Damit es nicht herausfällt, legt man den Korb mit luftdurchlässigem Vlies aus und wählt grobes Substrat. Ähnlich funktionieren mit Kokosmatten ausgelegte Gitterkörbe. Gitterstangen werden mit Sphagnum ausgestopft und von außen bepflanzt.

1 SUBSTRAT Ob fertiger Mix, reine Rinde in feiner Körnung oder pures, langfasriges Sphagnum – Orchideensubstrat muss leicht und luftig sein.

2 GEFÄSSE In Töpfen, Holz- oder Gitterkörben sind Miniorchideen gut aufgehoben. Wichtig: Je luftiger die Gefäße sind, desto öfter muss man wässern.

3 UNTERLAGEN Ihr Geschmack entscheidet, ob Sie Ihre Minis auf Kork, Rinde, Rebholz oder Epiweb kultivieren. Für Halt sorgen Draht oder Streifen von Nylonstrümpfen.

Gut versorgt: richtig gießen und düngen

Eine Faustregel für das Gießen von Miniorchideen gibt es leider nicht. Wie oft und wie viel Sie gießen sollten, hängt von der Kulturart, der Raumtemperatur und der Luftfeuchtigkeit ab.

Topforchideen gießen Weil bei Minis im Topf das Substrat die Feuchtigkeit speichert, kann es reichen, einmal in der Woche zu gießen – vor allem wenn dank Begleitpflanzen die Luftfeuchtigkeit hoch ist. Ist die Luft trocken, sind die Minis in reines Sphagnum gepflanzt oder fast schon zu groß für ihre Töpfe oder ist das Substrat sehr grob, kann es notwendig sein, alle drei bis fünf Tage zu gießen.

Wichtig Prüfen Sie vor dem Gießen, ob das Substrat durchgetrocknet ist. Ist es noch feucht, warten Sie mit dem Gießen noch ein paar Tage.

Wässern Sie die Topforchideen gründlich und schütten Sie überschüssiges Wasser aus dem Übertopf ab. Enthält der Übertopf eine Dränage aus Kieselsteinen oder feinem Blähton oder stehen die Töpfe auf Fensterbankschalen mit Gitterrosten, darf Wasser zurückbleiben, weil die Wurzeln keinen direkten Kontakt mit ihm haben. Das Wasser verdunstet nach und nach, und die so erhöhte Luftfeuchtigkeit tut Ihren Minis gut.

In Körbchen oder Gittertöpfen gießen Miniorchideen in Gittertöpfen oder Körbchen trocknen sehr schnell durch. Auf der Fensterbank müssen sie daher öfter gegossen werden, in einer Vitrine mit hoher Luftfeuchte kann einmal wöchentlich reichen – je nach der Beschaffenheit des Substrats und den speziellen Bedürfnissen der Orchideenart.

Substratfreie Kultur In Körbchen- oder Blockkultur ohne Substrat gepflegte Miniorchideen müssen täglich mit Wasser besprüht werden. Im Sommer empfiehlt sich zwei- bis dreimal pro Woche ein Tauchbad. Stellen Sie die Pflanzen für gut 5 Minuten in einen Eimer Wasser. So kann sich außer den Orchideen auch die Unterlage gut vollsaugen. Auch für Topfbewohner ist ein Tauchbad eine Wohltat. Decken Sie dabei das Substrat von oben mit der Hand ab, damit es nicht wegschwimmt.

Preiswert und einfach: Leitfähigkeitsmessgeräte geben wichtige Informationen über die Qualität des Gießwassers und helfen, den Dünger richtig zu dosieren.

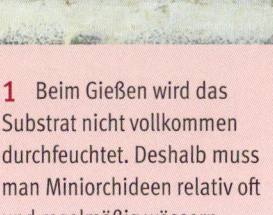

1 Beim Gießen wird das Substrat nicht vollkommen durchfeuchtet. Deshalb muss man Miniorchideen relativ oft und regelmäßig wässern.

2 Sprühen ist bei allen Miniorchideen nötig, die viele Luftwurzeln haben oder aufgebunden kultiviert werden. Doch auch alle anderen Orchideen genießen den feinen Nebelregen.

3 Je nach Kultur ist ab und zu ein Tauchbad nötig. Weil das Substrat dabei völlig durchnässt wird, braucht es lange, um wieder durchzutrocknen.

Wasserqualität und Düngung

Miniorchideen reagieren besonders empfindlich auf kalkhaltiges Leitungswasser, und auch zu große Düngerportionen vertragen die Pflänzchen nicht.

Gießwasser Im Idealfall sammeln Sie zum Gießen Regenwasser. Es ist weich, sehr salzarm und für die Orchideenpflege unübertroffen gut. Haben Sie keine Möglichkeit, Regenwasser aufzufangen, sollten Sie das Wasser aufbereiten (→ Info).

Der richtige Dünger Verwenden Sie nur Orchideendünger. Er enthält die Hauptnährstoffe Stickstoff, Phosphor und Kali im richtigen Verhältnis sowie für ein gesundes Wachstum unverzichtbare Spurenelemente wie Eisen, Magnesium, Kupfer und Bor. Der Dünger sollte auch über das Blatt aufnehmbar sein, da die Minis oft substratlos gepflegt und mit der Wasser-Dünger-Lösung eingesprüht werden.

Eine Frage der Dosis Weil die Dosis des Düngers von der Qualität des Gießwassers abhängig ist, sollten Sie den Salz- und Kalkgehalt Ihres Leitungswassers messen oder in Fachgärtnereien (→ Seite 62) prüfen lassen. Der Wert wird in Mikrosiemens (µS) angegeben und sollte bei Wasser ohne Dünger nicht über 100 µS liegen. Der pH-Wert des Wassers, der den Säuregrad angibt, darf pH 5,4–6,5 betragen. Mit dem Testergebnis kann Ihnen der Fachmann eine Empfehlung für die richtige Dosierung des Orchideendüngers geben. Für die salzempfindlichen Naturformen reicht ein Mikrosiemenswert von 200 µS aus. Minis, die sehr jung blühen, aber größer werden, und auch *Phalaenopsis* vertragen 300–400 µS.

So wird Wasser gut verträglich

Mit ein paar einfachen Mitteln können Sie kalkhaltiges Wasser für Orchideen bekömmlicher machen. Ein handelsüblicher Wasserfilter (Aktivkohle) reinigt das Leitungswasser und senkt den Kalkgehalt. Alternativ können Sie auch eine Mischung aus Leitungswasser mit destilliertem Wasser im Verhältnis 1 : 3 verwenden. Vorsicht: Niemals nur destilliertes Wasser nehmen – es schädigt die Pflanzenwurzeln.

Umtopfen und Aufbinden

Orchideen müssen etwa alle zwei Jahre umgetopft werden. Obwohl Pinienrinde sehr haltbar ist, zersetzt sich das Substrat mit der Zeit und verdichtet sich. In der Folge zirkuliert weniger Luft, und die Wurzeln beginnen irgendwann zu faulen. Außerdem werden bei diesem Prozess Salze frei, dies führt zu Überdüngung. Höchste Zeit zum Umtopfen ist es, wenn die Pflanzen ihre Luftwurzeln über den Topfrand schicken.

› Kneten Sie den Topf leicht, sodass sich Wurzeln und Substrat vom Topfrand lösen.

1 Zuerst die Wurzeln sorgfältig vom Substrat befreien. Die inneren, ältesten sowie faule Wurzeln entfernt man mit einer scharfen, sauberen Schere.

2 Damit das Substrat zwischen die Wurzeln gelangt, stößt man den Topf immer wieder leicht auf. Der Wurzelhals sollte etwa in Topfrandhöhe liegen.

› Greifen Sie die Pflanze an der Basis zwischen Wurzeln und Blättern, halten Sie mit der anderen Hand den Topf fest und ziehen Sie die Pflanze mit einer leichten Drehbewegung aus dem Topf.

› Entfernen Sie zwischen den Wurzeln sitzendes Substrat möglichst komplett.

› Schneiden Sie faule oder trockene Wurzeln mit einer scharfen Schere oder einem Messer ab. Desinfizieren Sie das Werkzeug vorher mit Alkohol, damit keine Krankheitserreger übertragen werden.

› Bei Miniorchideen mit starkem Wurzelzuwachs wie *Phalaenopsis* und *Zygopetalum* dürfen Sie bis zu einem Drittel der gesunden Wurzeln aus dem Zentrum des Wurzelballens entfernen. Hier befinden sich die ältesten Wurzeln, die ersetzt werden sollen.

› Wählen Sie einen Topf, der den Wurzeln genug Raum gibt. Die langen Wurzeln von *Phalaenopsis* drehen Sie vorsichtig spiralförmig in den Topf.

› Platzieren Sie die Pflanze in die Mitte des Topfs und füllen Sie Substrat ein. Damit keine Lücken bleiben und das Substrat nachrutscht, stoßen Sie den Topf immer wieder vorsichtig auf den Tisch auf. Zum Schluss drücken Sie das Substrat leicht fest.

Ausnahme Einige sympodial wachsende Gattungen bilden Neutriebe nicht wie *Masdevallia* oder *Kefersteinia* gleichmäßig ringsherum, sondern nur an einer Seite. Dies ist z. B. für Mini-Cattleyas typisch. Solche Pflanzen setzen Sie nicht mittig, sondern so in den Topf, dass zum Rand noch Platz für zwei weitere Neutriebe ist. Die ältesten Triebe dürfen Sie beim Umtopfen abschneiden.

Klein halten Wenn Sie gezüchtete oder früh blühende Minis klein halten wollen, ist beim Umtopfen ein Rückschnitt der Wurzeln nötig, bei sympodialen

Arten auch der alten Bulben. Nur dann können Sie die alte Topfgröße beibehalten. Bei den früh blühenden Minis, die im Laufe der Jahre größer werden, sollten Sie aber bei gutem Zuwachs einen ein oder zwei Nummern größeren Topf verwenden.

Wichtig Bis die Wurzeln der frisch umgetopften Orchideen gut im neuen Substrat verwurzelt sind, sollten Sie Ihre Minis täglich mit Wasser besprühen.

Aufbinden (Blockkultur)

Mit Ausnahme terrestrischer Arten eignet sich praktisch jede Miniorchidee für das Aufbinden. Weil Sie bei dieser Kulturart aber die Luftfeuchtigkeit dauerhaft hoch halten müssen, ist eine Vitrine oder ein halb geschlossenes Blumenfenster Voraussetzung. Viele Minis werden bereits aufgebunden verkauft. Bei ihnen wechseln Sie die Unterlage nur, wenn die Pflanze nicht gut festgewurzelt ist. Versuchen Sie es dann mit einem anderen Material oder mit mehr oder weniger Moos unter den Wurzeln.

Vorher getopfte Minis, Jungpflanzen und Pflänzchen direkt aus der Laboranzucht müssen sich erst an die Blockkultur gewöhnen. Sie bekommen eine Lage Moos unter und über ihre Wurzeln gelegt, damit sich die Feuchtigkeit länger hält.

› Suchen Sie eine Unterlage in der passenden Größe für Ihre Orchidee aus. Sie sollte bereits mit einem Haken zum Aufhängen versehen sein.

› Legen Sie Moos darauf. Sie können handelsübliches Sphagnum-Moos verwenden oder selbst im Wald Moos sammeln. Beides muss vor der Verwendung gründlich gewässert werden.

› Legen Sie die ausgetopfte und von Substrat freigewaschene Miniorchidee auf die Unterlage mit dem Moos, halten Sie alles zusammen und umwickeln Sie vorsichtig Wurzeln und Wurzelansatz. Dazu eignet sich feiner Bindedraht oder feine Streifen

1 Zum Aufbinden legt man eine dünne Moosschicht auf die Unterlage und platziert die Miniorchidee so, dass die Wurzeln sich möglichst nicht berühren.

2 Dann befestigt man mit Draht über den Wurzeln eine weitere dünne Lage Moos. Der Wurzelhals bleibt frei, damit er immer wieder schnell abtrocknet.

3 *Vanda*-Verwandte mögen es nicht, wenn Moos ihre Wurzeln bedeckt. Solche Minis bindet man nur mit einem Stück Nylonstrumpf auf der Unterlage fest.

aus Nylon-Strumpfhosen. Sie sind elastisch und schneiden nicht in das Gewebe der Pflanzen ein. Je nach Pflanzenwuchs müssen Sie manchmal auch einige Blätter fixieren, da sonst die Pflanze überkippt. Bei gesundem Wachstum ist die Miniorchidee nach sechs Monaten auf der Unterlage festgewurzelt, und Sie können die Drähte entfernen.

Mein Tipp Besonders dekorativ ist ein größerer Ast, auf den Sie mehrere Miniorchideen binden.

Gut gepflegt – gut in Form

Mit etwas Know-how können Sie Ihren Exoten (fast) überall optimale Bedingungen bieten. Das ist wichtig, denn Miniorchideen verkraften ungünstige Standorte oder Pflegefehler nicht lange.

Luftfeuchtigkeit Viele Miniorchideen tolerieren das Klima in unseren Wohnräumen. Bei einigen wie *Cattleya* oder *Pleurothallis* sollte man jedoch die Luftfeuchte erhöhen. Bei der Kontrolle hilft ein Hygrometer – der Wert sollte nicht unter 60 % fallen.

› Stellen Sie Ihre Minis mit größeren Zimmerpflanzen, vor allem Grünpflanzen, an das Fenster. In einer solchen »Pflanzen WG« entsteht ganz von selbst ein gutes Mikroklima, weil die Blätter reichlich Wasser verdunsten.

› Eine gute Lösung sind Fensterbankschalen (Fachhandel). In die 5 cm hohen Plastikwannen legt man etwa 2 cm hohe Gitterroste, auf denen die Orchideen stehen. In den Schalen fängt sich überschüssiges Gießwasser und verdunstet.

› Zimmerspringbrunnen verbinden Nutzen und Schönheit. In manche Modelle kann man sogar aufgebundene Minis hängen, die in der feuchten Atmosphäre richtig aufblühen.

› Ganz einfach und auf die Schnelle verbessern Sie das Klima mit Wasserschalen, die Sie zwischen die Minis stellen.

› Warme Sommertage und trockene Heizungsluft setzen Miniorchideen besonders zu. Das Besprühen der Blätter ist für die Pflänzchen dann eine Wohltat. Sprühen Sie in den Morgenstunden – wenn es dunkel wird, sollten die Blätter wieder abgetrocknet sein.

Vorsicht Beim Sprühen oder Gießen darf kein Wasser in die Herzblätter von *Phalaenopsis* oder in die Neutriebe sympodialer Orchideen gelangen und dort stehen bleiben. Dies führt leicht zu Fäulnis. Passiert es, tupfen Sie die »Überschwemmung« mit einem Küchentuch auf.

Zusatzlicht Orchideen mögen zwölf Stunden Licht pro Tag. Daran ist in unseren Breiten im Winter nicht zu denken, und auch im Sommer reicht das Licht an dunkleren Standorten oder in einer Vitrine oft nicht aus. Abhilfe schaffen spezielle Daylight- oder Truelightröhren, die man mit 50 cm Mindestabstand über die Orchideen hängt. Eine Zeitschaltuhr dosiert das »Lichtbad«: Am Fenster gibt es im Winter in den Morgen- und Abendstunden eine Extraportion Licht, in Vitrinen je nach Bedarf und Jahreszeit auch ganztags.

Über Fensterbankschalen stimmt das Mikroklima: Die Miniorchideen bekommen genug Luftfeuchte.

Etwas Schönheitspflege

Nehmen Sie sich jede Woche ein paar Minuten Zeit und prüfen Sie, ob es Ihren Minis gut geht. Bei diesem Gesundheitscheck können Sie auch gleich etwas »Schönheitspflege« erledigen (→ Abb. 1–3). Stützen Sie, wenn nötig, Blütenrispen mit einem Stab und entfernen Sie welke Blüten und alte, trockene Blätter. Auch Blattpflege tut gut: Wischen Sie mit einem weichen Tuch, das Sie mit etwas Blattglanzspray anfeuchten, über verstaubte Blätter. Von der Staubschicht befreit, können die Blätter das Licht wieder besser ausnutzen.

Wichtig Sprühen Sie das Spray nicht direkt auf die Blätter, es führt zu Kälteschäden. Zum Reinigen der Blätter sollte man kein Leitungswasser verwenden, da es unschöne Kalkflecken verursacht.

1 HALT FÜR BLÜTEN Oft sind bei Minis die Blüten oder Blütenrispen im Verhältnis zur übrigen Pflanze sehr groß. Damit sie nicht abbrechen, stützen Sie die aufrechten Blütentriebe mithilfe von kleinen Holzstäben (Tonkinstäben). Fixieren Sie die Rispen mit beschichtetem Bindedraht oder kleinen Klammern. Sehr dekorativ sind Clipse in Libellen- oder Schmetterlingsform.

2 WELKE BLÜTENRISPEN Sind Ihre Minis verblüht, kann man die trockenen Blütenrispen bei den meisten Arten unten am Rispenansatz abschneiden. Bei *Phalaenopsis*, *Oncidium* und *Rodriguezia* sollten Sie jedoch besser erst abwarten, ob sich aus den Augen heraus noch Seitentriebe bilden oder ob die Rispen am Ende noch weiter austreiben.

3 TROCKENE BLÄTTER Bei allen sympodialen Miniorchideen vertrocknet ab und zu ein Blatt. Zupfen Sie es einfach ab. Bei *Phalaenopsis* wird hin und wieder ein unteres – das älteste – Blatt welk. Warten Sie entweder, bis es ganz eingetrocknet ist, oder reißen Sie es an der Blattspitze mittig ein. So kann man die zwei Hälften an der Basis entfernen, ohne den Stamm zu verletzen.

Vermehrung

Orchideen vermehren macht Spaß – so haben Sie immer genügend Pflanzen zum Verschenken oder Tauschen. Die verschiedenen Möglichkeiten der vegetativen Vermehrung (→ Seite 59) können Sie ganz einfach ausprobieren.

Wenn Miniorchideen Kindel kriegen

Manche Miniorchideen bilden von selbst Ableger. Sie werden Kindel oder Keiki genannt und sind identisch mit der Mutterpflanze, da sie genau die gleichen Erbanlagen besitzen. Bei *Phalaenopsis* beispielsweise wachsen die Kindel zunächst als einzelnes Blatt aus den Nodien – den Verdickungen am Spross oder an der Blütenrispe – heraus, später bilden die Kindel auch Wurzeln. Andere Miniorchideen wie *Dendrobium loddigesii* oder *Oerstedella centradenia* bilden zwischen den Blättern kleine Ableger.

› Lassen Sie ein Kindel so lange an der Mutterpflanze, bis es mindestens 5 cm groß ist und drei Wurzeln hat. Je größer es ist, desto sicherer wächst es weiter, wenn es von der Mutterpflanze abgetrennt wird.

› Geben Sie der Mutterpflanze, während sie das Kindel trägt, mehr Dünger und besprühen Sie das Kindel täglich.

› Sind Kindel, die aus Nodien wachsen, schließlich groß genug, schneiden Sie sie von der Mutterpflanze ab. Lassen Sie dabei ein 2 cm langes Stück der Rispe an dem Kindel stehen. So entsteht keine Schnittstelle an dem Jungpflänzchen, über die Krankheitserreger eindringen können.

› Kindel, die sich zwischen Blättern bilden, lösen Sie ab, indem Sie das Nachwuchspflänzchen an der Basis zwischen Wurzel und Blattansatz festhalten und einfach mit den Fingernägeln abkneifen.

› Setzen Sie das Kindel in ein Töpfchen mit feinem Substrat. Wichtig: In den ersten Wochen braucht der Nachwuchs eine besonders hohe Luftfeuchte.

› Später können Sie die Jungpflänzchen ganz nach Wunsch umtopfen oder aufbinden.

Brutkasten für den Nachwuchs: Die ersten zwei Jahre verbringen Orchideen im Profilabor im Sterilbehälter mit einem speziellen Nährmedium.

Einfach abtrennen: Kindel von *Oerstedella centradenia* treiben schon an der Mutterpflanze Wurzeln.

Bei *Bulbophyllum ambrosia* trennen Sie das Rhizom durch, lassen dabei aber drei Bulben zusammen.

Teilung hält klein

Die Vermehrung durch Teilung ist vor allem bei den früh blühenden Miniorchideen interessant, da sie sonst zu groß werden. Allerdings kann man nur sympodial wachsende Orchideen durch Teilung vermehren, bei monopodialen ist dies nicht möglich. Orchideen wie *Masdevallia,* die gleichmäßig in alle Richtungen wachsen, können Sie einfach in der Mitte teilen. Von Miniorchideen mit ausgeprägter Wuchsrichtung wie etwa *Cattleya* trennt man, sobald sie zu groß werden, Bulben ab und setzt sie wieder ein. *Bulbophyllum*-Orchideen wachsen kriechend mit Rhizomen, diese lassen sich durchtrennen, ohne Schaden zu nehmen. In kleinen Teilstücken, die aus mindestens drei Einzeltrieben bestehen, wachsen sie gut wieder an.

Langzeitprojekt: Durch Samen vermehren

Über Samen vermehrte Pflanzen tragen die Eigenschaften beider Elternteile in sich. Und weil die Erbanlagen der Elternpflanzen bei dieser generativen Vermehrung neu kombiniert werden, erhält man Pflänzchen, die sich von ihren Eltern unterscheiden können. So interessant diese Art der Vermehrung ist – sie ist kompliziert und erfordert viel Geduld. Orchideensamen haben – im Gegensatz zu den Samen anderer Pflanzen – kein eigenes Nährgewebe und können ohne Hilfe nicht keimen. In der Natur sorgen Mykorrhiza-Pilze dafür, dass die Orchideensamen mit den nötigen Nährstoffen versorgt werden. Unter Laborbedingungen keimt der Samen nur auf speziellen Nährböden. Wer trotzdem nicht auf den »eigenen Nachwuchs« verzichten mag, kann fünf Monate lang gereifte Samenkapseln an ein Orchideenaussaatlabor schicken (→ Seite 62). Hier wird der Samen auf ein spezielles Nährmedium ausgesät. Nach etwa zwei Jahren sind die Pflänzchen groß genug zum Auspflanzen und werden an Sie zurückgeschickt. Oft bieten Züchter Sämlinge in kleinen Plastikbechern auf Ausstellungen oder im Internet an. Wenn Sie schon etwas Erfahrung mit der Orchideenkultur haben, können Sie solche Pflänzchen erfolgreich großziehen.

Pflegefehler, Krankheiten und Schädlinge

Miniorchideen sind nicht besonders anfällig. Voraussetzung ist jedoch, dass man die Pflänzchen gut pflegt und ihre Ansprüche berücksichtigt. Um bei Problemen rasch Abhilfe schaffen zu können, müssen Sie zunächst die richtige Diagnose stellen.

Stimmt die Kultur nicht?

Viele Pflegefehler können Sie mit etwas Übung erkennen. Und keine Sorge: Sind die Pflanzen nicht zu stark geschädigt, erholen sie sich meist wieder, wenn Sie die Kulturbedingungen verbessern.

1 Zu wenig oder zu viel gegossen? Dann werden die Blätter furchig und schlapp. Wichtig: Die Minis nur langsam wieder an Wasser gewöhnen und viel sprühen.

2 Wenn man den Pflänzchen kühlere Temperaturen und eine gleichmäßige Wasserversorgung bietet, erholen sich Ziehharmonikablätter langsam wieder.

› Ledrige, schrumpelige Blätter können zwei Ursachen haben: Entweder stehen die Miniorchideen dauerhaft zu trocken, oder sie wurden übergossen. Weil dann die Wurzeln faulen, können sie die Pflanze nicht mehr mit Wasser versorgen (→ Abb. 1).

› Sogenannte Ziehharmonikablätter entstehen, wenn die Pflänzchen unregelmäßig oder zu viel gegossen werden und zu warm stehen (→ Abb. 2)

› Werfen Miniorchideen ihre Knospen ab, stehen die Pflanzen zu dunkel oder zu trocken oder sie leiden unter Zugluft (→ Seite 27, Abb. 1).

› Bildet eine Orchidee keine Blüten, wurde oft die Ruhephase versäumt (→ Seite 11). An einem kühlen, hellen Platz treibt sie bald wieder Blütentriebe.

› Stress durch Pflegefehler kann Miniorchideen anfällig für Virusinfektionen machen. Die Erreger werden aber auch durch andere Schädlinge übertragen. Bei Infektion zeigen sich Streifen und Flecken auf den Blättern (→ Seite 27, Abb. 2), oder die Blüten sind missgebildet. Befallene Pflanzenteile muss man sofort mit einem desinfizierten Messer oder einer Schere abschneiden und im Müll entsorgen. Stark befallene Pflanzen wirft man besser weg.

Ungebetene Gäste

Zeigen sich trotz guter Pflege einmal Schädlinge, sollten Sie die Pflanze isolieren, damit sie ihre Nachbarn nicht ansteckt.

Wollläuse Die von einer weißen, wachsartigen Schicht bedeckten Tiere sind bis zu 5 mm lang. Jungtiere erkennt man als helle Pünktchen. Wollläuse verstecken sich gern in Blattachseln oder in den Herzblättern. Sie befallen auch Blüten, und dort vor allem den Blütenansatz (→ Seite 27, Abb. 3).

Das können Sie tun Bei starkem Befall waschen Sie die Wollläuse zunächst unter fließendem Wasser ab und entfernen mit einem feuchten Wattestäbchen noch zurückgebliebene Tiere. Leider erwischt man dabei nie alle Schädlinge – die winzigsten von ihnen sind einfach zu gut versteckt. Außerdem schlüpfen aus bereits abgelegten Eiern nach einiger Zeit neue Tiere. Weil sich Wollläuse auch im Substrat und unter dem Topfrand verkriechen, topft man die gereinigte Pflanze bei geeigneter Jahreszeit am besten um und behandelt sie mit einem Spritzmittel gegen Läuse (Fachhandel).

Wichtig Entsorgen Sie das alte Substrat und auch den Topf und reinigen Sie die Arbeitsfläche gründlich. Halten Sie die Pflanze weiterhin in Quarantäne und wiederholen Sie nach etwa zehn Tagen die Behandlung mit dem Spritzmittel, um neu geschlüpfte Läuse zu beseitigen.

Rote Spinne Ist die Luft zu trocken, werden Miniorchideen manchmal von der Roten Spinne befallen (→ Abb. 4). Symptome sind grau schimmernde Blätter mit kleinen rötlichen Punkten. Die einzelnen Tiere sind winzig und mit dem bloßen Auge nicht zu erkennen. Sie schädigen das Blattgewebe, das mit der Zeit eintrocknet.

Das können Sie tun Am besten verhindert man den Befall, indem man die Luftfeuchtigkeit erhöht. Sprühen Sie gefährdete Pflanzen zweimal täglich ein oder erhöhen Sie die Luftfeuchtigkeit dauerhaft, z. B. durch das Aufstellen eines Zimmerspringbrunnens. In luftfeuchten Vitrinen tritt die Rote Spinne selten auf, im Sommer auf trockenen Fensterbänken eher. Einige dünnblättrige Orchideen, wie z. B. *Oerstedella centradenia* oder *Oncidium,* sind besonders anfällig. Sie können bei starkem Befall oder vorbeugend mit einem Spritzmittel gegen Spinnen (Akarazid) behandelt werden.

1 Lichtmangel oder Trockenheit führt leicht zu Knospenfall. Auch das gasförmige Reifehormon von Äpfeln kann die Knospen zum Welken bringen.

2 Pflegefehler, extreme Temperaturen oder saugende Insekten machen Miniorchideen für Virusinfektionen anfällig. Mit sorgfältiger Pflege beugt man vor.

3 Wollläuse und ihr Nachwuchs finden an der Pflanze und im Topf noch das kleinste Versteck. Oft ist die Behandlung mit einem Spritzmittel unumgänglich.

4 Die winzige Rote Spinne entdeckt man meist erst, wenn sie Schaden angerichtet hat. Dieser ist an hellen bis weißen Flecken zu erkennen.

Miniorchideen-Porträts

Was wünschen Sie? Elfengleiche Pflänzchen mit bizarren Blüten? Oder den Klassiker im Kleinformat – die Mini-Phalaenopsis? Oder soll die Blüte größer sein als die ganz Orchidee? Die Palette der Miniorchideen ist groß und stellt Sie vor die Qual der Wahl.

Welche Miniorchidee darf es sein?

Miniorchideen werden heute fast überall angeboten, und die Auswahl in Spezialgärtnereien und im Internet lässt Sammlerherzen höher schlagen. Am stärksten unterscheiden sich Orchideen in ihren Ansprüchen an die Temperatur, genau genommen die Mindesttemperaturen von Tag und Nacht. Informieren Sie sich deshalb, ob die gewünschte Orchidee einen warmen, temperierten oder kühlen Standort braucht (→ Seite 11). Überlegen Sie auch, welche Kulturform Sie Ihren Miniorchideen bieten können. Pflänzchen, die gut im Topf gedeihen, können Sie auf der Fensterbank unterbringen. Andere, die man aufgebunden kultiviert, sind besser in einem Blumenfenster oder einer Vitrine aufgehoben.

Der Name weist den Weg

Im Porträtteil sind die Miniorchideen nach ihren Verwandtschaftsverhältnissen geordnet:

› In den Großgattungen sind eng verwandte Gattungen zusammengefasst. Innerhalb der Gattungen finden sich verwandte Arten mit ähnlichen Merkmalen und Ansprüchen. Sie können wiederum in verschiedene Gruppen (Sektionen) unterteilt sein.
› In beiden Kategorien werden sowohl natürliche Arten als auch Hybriden und Sorten vorgestellt.
› In den Porträts sind die Blattspannweite (Breite) sowie die Höhe angegeben, die Miniorchideen dieser Gruppe haben können. Wo es deutliche Unterschiede gibt, sind in der Rubrik »Mini-Arten« die Pflanzen noch einmal nach der Breite unterteilt.
Wichtig Notieren Sie die botanischen Namen Ihrer Miniorchideen. Nur dann können Sie sich über die Kulturansprüche Ihrer Minis genau informieren. Dieser Name besteht aus dem großgeschriebenen Gattungs- und dem kleingeschriebenen Artnamen sowie eventuell noch aus dem Sortennamen.

und man vermutet, dass die hellen Blüten Zeichnungen tragen, die nur für Insekten zu sehen sind, weil diese Licht im ultravioletten Spektralbereich wahrnehmen können. Für uns Menschen sind diese Blütenmale unsichtbar, für die Insekten sind sie jedoch Wegweiser zu den nektargefüllten Blüten. Die kleinwüchsigen Vertreter dieser Großgattung brauchen etwas mehr Raum als andere Miniorchideen, weil sie zur Blütezeit lange, mit vielen Blüten besetzte, herabhängende Rispen tragen. Dies sollte man vor dem Kauf der Pflanzen beachten. Die Blühdauer ist je nach Art sehr unterschiedlich, sie liegt zwischen zwei und sechs Wochen.

Wuchs Bei diesen Orchideen gibt es zwei Wuchsformen. Die eher großen Arten gleichen im Wuchs einer *Vanda* (→ Seite 52–55). Ihre schmalen, v-förmigen, gegenständigen Blätter sitzen an einem mehr oder weniger langen Stamm. Bei den Miniorchideen dieser Großgattung stehen dagegen dünne, breite, gegenständige Blätter an einem eher kurzen Stamm. Sie sitzen aber nicht ganz so eng zusammen wie bei den *Phalaenopsis*-Orchideen. Die Blattenden sind ungleichmäßig gekerbt – durch dieses Merkmal sind die Pflanzen leicht von den Mitgliedern der Gattung *Phalaenopsis* zu unterscheiden. Die Blätter selbst sind häufig gewellt und stark gezeichnet, man könnte meinen, dass sie eine Aderung besitzen. Doch der Schein trügt: Die Blätter haben, wie die aller Orchideen, parallel angeordnete Blattnerven. Die Blätter fallen nicht regelmäßig ab, sondern bleiben sehr lange an der Pflanze, sodass die Orchideen mit den Jahren deutlich an Höhe zunehmen. Weil sie außerdem oft Nebentriebe bilden, können sie mit der Zeit buschig werden. Viele Arten blühen schon im jungen Stadium, wenn sie noch sehr klein sind. Allerdings treiben sie in den ersten Jahren nur wenige Blüten.

Großgattung Angraecum

BREITE 4–18 cm | **HÖHE** 5–15 cm | **BLÜTEZEIT** März–Juli | **FARBE** meist weiß bis beige

Die Orchideen der Großgattung *Angraecum* stammen aus Afrika, viele von ihnen von den östlich vorgelagerten Inseln Réunion, Madagaskar und den Komoren. Zu ihnen zählen Gattungen wie *Angraecum*, *Aerangis*, *Cyrtorchis*, *Mystacidium*, *Angraecopsis* und andere. Neben sehr großen Arten sind unter ihnen auch viele natürliche sowie gezüchtete und früh blühende Miniorchideen zu finden.

Blüte Die meist sternförmigen Blüten sind cremefarben bis weiß und nur in seltenen Fällen leicht rosa. Typisch ist der kurze bis sehr lange Sporn. Diese Orchideen werden von Insekten bestäubt,

 hell Halbschatten ● Schatten einsprossig  mehrsprossig

Das leuchend orangefarbene Blütenauge macht sie unwiderstehlich: die kleinwüchsige *Aerangis luteoalba* var. *rhodosticta*.

Mit den dachziegelartig angeordneten Blättern hat die anfangs kleine *Angraecum distichum* einen ungewöhnlichen Wuchs. Später kann sie an Größe zunehmen.

Pflege Die Miniorchideen werden temperiert-warm kultiviert. Ideal sind am Tag Werte von 18–24 °C, sie kommen aber auch mit höheren Temperaturen gut zurecht. Nachts sollte die Temperatur zwischen 12 und 16 °C liegen. Diese Nachtabsenkung um 2–4 °C (maximal 6 °C) ist sehr wichtig, damit die Pflanzen immer wieder blühen. Steigen die Temperaturen mit den länger werdenden Tagen im Frühjahr an, vertragen die Pflanzen auch kühlere Nächte in einem Wintergarten. Der Wert sollte aber 10 °C nicht unterschreiten. Alle Orchideen dieser Gruppe brauchen eine hohe Luftfeuchte. Sie eignen sich sehr gut zum Aufbinden und nehmen über ihre Luftwurzeln Feuchtigkeit auf. Bei der Topfkultur setzt man sie in grobes Substrat. Sie werden sich aber niemals richtig festwurzeln, sondern viele Luftwurzeln treiben, die über den Topfrand ragen. Deshalb ist auch bei der Topfkultur eine hohe Luftfeuchte wichtig. Gießen Sie die Pflanzen kräftig und sorgen Sie für Wärme und frische Luft, damit das Substrat rasch wieder durchtrocknet. Umgetopft wird alle ein bis zwei Jahre. Dünger vertragen die Pflänzchen nur in geringer Dosis. Man verabreicht ihn regelmäßig mit dem Gießwasser. Ein Sommerquartier im Freien tut diesen Minis gut.

Vitrine Obwohl die Mitglieder dieser Großgattung eine deutliche Nachtabsenkung brauchen, vertragen viele die in Vitrinen hohen Tagestemperaturen von 24–28 °C und eine Nachttemperatur von 18–22 °C. Wichtig ist eine gute Beleuchtung. Geben Sie diesen Minis einen Platz in einer oberen Etage, damit die Blütenrispen hübsch herabhängen.

Mini-Arten 4–8 cm: *Aerangis curnowiana* (weiß), *A. hyaloides* (weiß), *Mystacidium capense* (weiß); 8–15 cm: *Aerangis fastuosa* (weiß), *A. mystacidii* (weiß, → Abb. Seite 30), *Angraecopsis gracillima* (grünlich-weiß), *Angraecum distichum* (weiß, → Abb.), *Eurychone rothschildiana* (weiß/dunkelgrün); 12–18 cm: *Aerangis citrata* (weiß), *A. luteoalba* var. *rhodosticta* (weiß/orange, → Abb.).

Großgattung Bulbophyllum

BREITE 1–12 cm | **HÖHE** 2–25 cm | **BLÜTEZEIT** je nach Art | **FARBE** vor allem rot/orange, rot/gelb

Die Großgattung *Bulbophyllum* kann sich in der Orchideenwelt wirklich sehen lassen: Zu ihr zählen bis zu 1000 verschiedene Arten. Die Gattung ist pantropisch, d. h., sie kommt in den Tropen der ganzen Welt vor, und sie vereinigt Extreme: Hier findet man sowohl die größten Orchideen mit über 1 m langen Blättern als auch die allerkleinsten: Die Blüten von *Bulbophyllum minutissimum* messen gerade einmal 3 mm. Neben natürlichen Miniorchideen findet man in dieser Großgattung aber auch viele gezüchtete Minis. Zur Blüte kommen diese Pflanzen erst im ausgewachsenen Stadium, früh blühen-

de Minis gibt es nicht. Auch Hybriden (→ Seite 58) gibt es bislang nur wenige.

Grundsätzlich sind fast alle Mitglieder dieser Gattung sehr unkompliziert zu kultivieren, da meistens jede Bulbe gleichzeitig mehrere Neutriebe hervorbringt und innerhalb weniger Monate buschige, sehr blühfreudige Pflanzen entstehen. Für die Fensterbank sind sie jedoch nur geeignet, wenn man für genügend Luftfeuchtigkeit sorgt.

Einige *Bulbophyllum*-Orchideen genießen einen etwas zweifelhaften Ruhm: Sie sind bekannt für ihren Aasgestank, mit dem sie Insekten anlocken. Doch das sind hauptsächlich die große Arten.

Blüte Die Blüten zeigen sich meist in interessanten Rot-, Gelb- und Brauntönen und sind mit Punkten und Strichen gezeichnet. Die Farben sind jedoch nicht kräftig, sondern eher gedämpft. Oft bekommen die Blüten durch Haare oder lang auslaufende

 hell Halbschatten ● Schatten  einsprossig mehrsprossig

FARBENFROH Auffällig getüpfelt sind die Blüten von *Bulbophyllum guttulatum* (links).

ZART Die Blüten von *B. ankylochele* gleichen denen einer *Masdevallia* (oben). Die Blüten von *Cirrhopetalum makoyanum* sind doldenartig gefächert (unten).

Blütenblätter eine sehr bizarre Form. Die Lippe ist immer relativ klein und meist beweglich. Sie stellt eine Kippfalle dar: Bestäubende Insekten, die in der Blüte nach Nektar suchen, fallen vornüber in die Falle. Während sich das Insekt mit heftigen Bewegungen zu befreien versucht, drückt es sich den Pollen der Blüte auf den Rücken. Beim Besuch der nächsten Blüte klebt es diesen auf die Narbe.
Weil es so viele Arten gibt, sind die Blütenformen und die Blütenrispen sehr verschieden. Einige *Bulbophyllum* haben hängende Rispen mit vielen, einfarbigen, unscheinbaren Blüten, die rund um den Rispenstiel platziert sind. Dazu gehören beispielsweise *B. careyanum* oder *B. ruffinum*. Die Blüten mancher Arten wie *B. blumei* oder *B. masdevalliaceum* ähneln den *Masdevallia*-Blüten (→ Seite 48). Sie haben verkürzte Petalen und lang gezogene, fadenförmige Sepalen. Die Rispen sind einblütig. Bei wieder anderen Arten sind die Blüten wie in einer Dolde am Ende einer Rispe angeordnet. Bei den Blüten der zu dieser Großgattung gehörenden Gattung *Cirrhopetalum* sind zudem die Sepalen mit der Unterseite nach oben vorn zusammengewachsen. So entsteht eine sehr große Scheinlippe. Die Blühdauer der *Bulbophyllum*-Orchideen ist sehr unterschiedlich, im Normalfall beträgt sie drei bis vier Wochen.

Wuchs *Bulbophyllum*-Orchideen haben kleine, meist kugelige Bulben mit jeweils einem oder zwei festen, aufrecht nach oben stehenden Blättern. Die Rhizome, also die Ausläufer von Bulbe zu Bulbe, sind unterschiedlich lang, sogar innerhalb einer Art. Kaufen Sie möglichst Pflanzen mit kurzen Rhizomen, sie bleiben kompakt.

Pflege *Bulbophyllum*-Orchideen gedeihen sehr gut im Halbschatten oder Schatten. Werden sie auf der Fensterbank gepflegt, kultiviert man sie temperiert-warm oder temperiert-kühl. Am Tag sind Temperaturen von 16–20 °C ideal, aber auch höhere Werte sind kein Problem. In der Nacht muss es aber mindestens 6 °C kühler sein. Im Sommer kann man sie ins Freie stellen. Da die Pflanzen gern mehrere Neutriebe gleichzeitig bilden, wuchern sie meist rasch über den Topfrand. Sorgen Sie dann für eine hohe Luftfeuchte. Setzen Sie die Orchideen keinesfalls in einen größeren Topf – hier trocknet das Substrat nur langsam ab, was die Pflänzchen nicht vertragen. Alternativ können Sie die Pflanzen auch in eine flache Schale setzen. Optimal ist eine Verdunstungsquelle in direkter Nähe der Orchidee.

Vitrine Die meisten *Bulbophyllum*-Arten, insbesondere die natürlichen Mini-*Bulbophyllum*, lassen sich sehr gut in einer Vitrine kultivieren. Dazu binden Sie die Pflanze möglichst ohne Moos auf eine Unterlage. Die Orchideen werden sich bei ausreichender Luftfeuchte recht schnell festwurzeln. Weil die Luftfeuchtigkeit in einer Vitrine konstant hoch ist, dürfen die Temperaturen auch über 22 °C liegen. Wichtig ist dann aber eine deutliche Nachtabsenkung von mindestens 5 °C, damit die Pflanzen wieder zur Blüte angeregt werden.

Mini-Arten 1–6 cm: *Bulbophyllum minutissimum* (orange/rot), *Cirrhopetalum makoyanum* (rot, gelb, → Abb.); 6–12 cm: *Bulbophyllum ankylochele* (gelb, → Abb.), *B. blumei*, *B. guttulatum* (→ Abb.), *B. umbellatum* (alle rot/gelb), *Cirrhopetalum fascinator* (rot/gelb/braun).

Großgattung Cattleya

BREITE 10–15 cm | **HÖHE** 5–25 cm | **BLÜTEZEIT** ganzjährig, je nach Art/Sorte | **FARBE** rot, rosa, gelb, orange

Es sind die knallig-poppigen Blütenfarben, die diese Großgattung so attraktiv machen. Bis in die 1970er-Jahre wurden *Cattleya*-Orchideen nur in Hinblick auf große Blüten gezüchtet. Dass dabei auch die Pflanzen groß waren, war damals nicht von Bedeutung. Nur sehr wenige Arten der aus Südamerika stammenden Gattung *Cattleya* sind von Natur aus kleinwüchsig. Dazu gehören zum Beispiel *C. luteola* und *C. walkeriana*, die 10–15 cm hoch werden. Die meisten Mini-*Cattleya* sind deshalb Hybriden, die durch Kreuzung mit anderen

nah verwandten Gattungen, hauptsächlich aber mit *Sophronitis* und *Laelia,* entstanden sind. In diesen beiden Gattungen gibt es von Natur aus Miniarten (→ Seite 36, 37). Diese Hybriden heißen dann beispielsweise *Sophrolaeliocattleya*, *Sophrocattleya* oder *Potinara*. Auch Züchtungen, an denen die Gattung *Cattleya* nicht beteiligt ist, zum Beispiel *Sophrolaelia*, werden dieser Gruppe zugeordnet. Sie haben eng aneinanderstehende Bulben, sodass sie kompakt bleiben und nicht so weit über den Topf hinausragen wie ihre großen Verwandten. Selbstverständlich gibt es auch alle Größen zwischen groß und klein. Sie werden als Midi-*Cattleya* bezeichnet.

Blüte Die Blüten dieser Orchideen sind mehr oder weniger rund und rot, rosa, gelb oder orange gefärbt. Auch Mischfarben kommen vor. Seltener sind Weiß oder Grün und Kombinationen dieser beiden Farben mit anderen Tönen. Die Blüten besitzen eine große, anders gefärbte Lippe. An einem kurzen Blütenstiel, der meist endständig aus dem Neutrieb wächst, sitzen eine bis vier Blüten, selten mehr. Ältere Hybriden blühen lediglich drei bis vier Wochen, neuere Kreuzungen dagegen meist länger.

Wuchs Die Pflanzen besitzen lang gestreckte Bulben mit endständigem, hartem, ledrigem Laub. Meist stehen sich zwei bis drei Blätter am oberen Teil der Bulbe gegenüber. Im halbjährlichen oder jährlichen Rhythmus erscheinen Neutriebe. Triebe die halbjährlich entstehen, blühen jedoch selten. Kräftige Pflanzen bilden gern zwei Neutriebe an der Spitze aus. Rund um die Bulben sitzen trockene Hüllblätter. Kontrollieren Sie sie regelmäßig – unter ihnen verstecken sich oft Schild- oder Wollläuse.

Pflege *Cattleya*-Orchideen werden temperiert-kühl kultiviert. Tags sind 18–22 °C ideal, nachts darf es bis auf 12 °C abkühlen. Wichtig ist eine Nachtab-

 hell Halbschatten ● Schatten  einsprossig  mehrsprossig

Klein, aber garantiert nicht zu übersehen: Die Blüten der Mini-*Cattleya* Dancing Daffodil leuchten in kräftigem, dunklem Orange bis Rot.

Gewagte Farbkombination: *Sophrolaeliocattleya* Hawaiian Splash zeigt sich in Pink mit einer dunkler gefärbten und gelb gemusterten Lippe.

senkung von mindestens 6 °C. Sie brauchen einen sehr hellen Platz am Fenster, damit sie in der nächsten Saison wieder blühen. Trotzdem verträgt auch diese Gattung keine direkte Sonne. Als oberstes Gebot bei der Pflege gilt: Halten Sie die Pflanzen lieber zu trocken als zu nass. Topfen Sie sie immer in grobes Substrat und in möglichst kleine Töpfe, damit die Wurzeln nach dem Gießen rasch abtrocknen können. Am besten mischen Sie etwas reines Rindensubstrat unter den Standardpflanzstoff. Es reicht, die Pflanzen alle zwei bis drei Jahre umzutopfen, da sie meist erst dann blühen, wenn sie über den Topfrand wachsen. Warten Sie mit dem Umtopfen aber nicht, bis mehr als ein Trieb aus dem Topf ragt, da Triebe mit älteren Luftwurzeln nach dem Umtopfen nicht wieder gut im Substrat festwurzeln. Gießen Sie diese Orchideen in der dunklen Jahreszeit genauso oft wie im Sommer, aber verabreichen Sie dabei weniger Wasser. Im Sommer kann man sie ins Freie stellen.

Vitrine Mini-*Cattleya* wachsen sehr gut aufgebunden in einer Vitrine. Allerdings brauchen sie dann eine Nachtabsenkung von 6 °C, sonst leidet die Blühfreudigkeit. Hohe Tagestemperaturen und die in Vitrinen übliche hohe Luftfeuchte vertragen sie aber gut. Steigt die Temperatur jedoch über 28 °C, muss es in der Nacht mindestens 8 °C kühler sein als am Tag. Ein Zusatzlicht in der Vitrine regt die Blühfreudigkeit an. Aufgebunden werden *Cattleya* am besten im Frühjahr, wenn die neuen Wurzeln sprießen. Diese müssen – bei gleich bleibender Luftfeuchte in der Vitrine – nicht mit Moos umwickelt werden. Die weißen, festen, fleischigen Wurzeln setzen sich schnell an der Unterlage fest.

Mini-Arten und -Sorten *Cattleya aclandiae* (braun/rosa), *C. luteola* (gelb, → Abb. Seite 34), *Potinara* Little Toshie (gelb/orange), Dancing Daffodil (orange, → Abb.), *Oerstedella centradenia* (pink), *Sophrolaeliocattleya* Perfect Dream (rot), Hawaiian Splash (pink/gelb, → Abb.); weitere Gattungen → Seite 36/37.

Gattung Laelia

BREITE 5–15 cm | **HÖHE** 5–15 cm | **BLÜTEZEIT**
September–März | **FARBE** weiß, gelb, rot, rosa

In dieser Gattung gibt es Untergruppen, sogenannte Sektionen. Kleinwüchsig sind *Laelia*-Orchideen der Sektionen Parviflorae und Hadrolaelia.
Blüte Parviflorae hat kleine, sternförmige Blüten in kräftigen Farben und eine dekorative Lippe. Hadrolaelia hat große, rosarote Blüten mit intensiver gefärbter Lippe. Beide blühen bis zu vier Wochen.
Wuchs Parviflorae hat meist runde Bulben, Hadrolaelia schlanke. Beide besitzen festes Laub.
Pflege Parviflorae brauchen steiniges Substrat, Hadrolaelia hohe Luftfeuchte. Temperiert kultivieren: am Tag bei bis zu 28 °C, nachts bei mindestens 14 °C. Im Sommer dürfen sie ins Freie.
Vitrine Beide Gruppen eignen sich für die Vitrine.
Mini-Arten Parviflorae, 5–10 cm: *Laelia briegeri* (gelb), *L. lucasiana* (rosa/gelb), *L. milleri* (rot); Hadrolaelia, 10–15 cm: *L. alaorii* (rosa), *L. dayana*, *L. praestans*, *L. pumila*, *L. sincorana* (alle rosa-rot), *Laeliocattleya-lucasiana*-Hybride (rosa, → Abb.).

Gattung Leptotes

BREITE 3–15 cm | **HÖHE** 5–15 cm | **BLÜTEZEIT**
Dezember–Mai | **FARBE** meist weiß

Zwar ist nur die Art *Leptotes bicolor* sehr bekannt, doch auch die anderen Arten sind einen Versuch wert: Alle eignen sich perfekt für die Vitrine.
Blüte Weiße, sternförmige, einzeln gestielte Blüten mit sehr schmalen Blütenblättern. Die Lippe ist nur bei *L. pauloensis* und *L. bicolor* auffällig gefärbt. Die Blüte hält zwischen sieben und 20 Tagen.
Wuchs Fast runde, sukkulente Blätter.
Pflege Trotz der sukkulenten Blätter vertragen die Pflanzen keine Trockenphasen. Sie werden temperiert kultiviert: am Tag bei 18–20 °C bei hoher Luftfeuchtigkeit, nachts darf es bis auf 14 °C abkühlen. Im Sommer dürfen sie ins Freie.
Vitrine Für die Vitrine sehr gut geeignet. Außer *L. bicolor* sind sie in der Pflege etwas heikel, da sie eine hohe Luftfeuchte verlangen.
Mini-Arten *Leptotes bicolor* (weiß/rot, → Abb.), *L. pauloensis* (rosa/gelb), *L. tenuis* (weiß/rosé), *L. unicolor* (rosé).

 hell   Halbschatten ● Schatten  einsprossig  mehrsprossig

Gattung Prosthechea

BREITE 5–15 cm | **HÖHE** 5–40 cm | **BLÜTEZEIT**
Februar–September | **FARBE** meist grün/schwarz

Diese Pflanzen blühen schon sehr jung. Nach zwei
bis vier Jahren werden sie aber recht stattlich.
Blüte Einige Arten drehen die Blüte beim Öffnen
nicht, weshalb die sehr dunkel gefärbte Lippe nach
oben weist. Die grünen, nach unten zeigenden Blütenblätter geben ihr das Aussehen eines Kraken
(»Krakenorchideen«). Sie blüht über zwei Monate.
Wuchs Kurze bis lange, abgeflachte Bulben mit
zwei lanzettlichen, aufrechten Blättern.
Pflege Man kultiviert sie temperiert-kühl bei
18–20 °C am Tag und 10–14 °C in der Nacht. Trocken halten – am besten in einem relativ kleinen
Topf. Im Sommer dürfen sie ins Freie.
Vitrine Nur wenige Arten bleiben klein und sind
für die Vitrine geeignet.
Mini-Arten 5–10 cm: *Prosthechea boothianum*
(gelb/braun), *P. campylostalix* (braun/weiß);
8–15 cm: *P. cochleata* (grün/schwarz, → Abb.),
P. lancifolia (grün/schwarz).

Gattung Sophronitis

BREITE 5–10 cm | **HÖHE** 5–15 cm | **BLÜTEZEIT**
März–Mai | **FARBE** meist rot

Viele dieser Pflanzen bezaubern mit knallroten Blüten. Die Blüte von *Sophronitis coccinea* ist sogar fast
größer als der ganze Trieb.
Blüte Ein bis zwei kurz gestielte Blüten pro Pflanze. Kräftige Exemplare tragen auch mehrere Blüten.
Wuchs Länglich-runde Bulben mit ein bis zwei
Blättern, die leicht verdreht abstehen. Auffällig ist
der häufig vorhandene dunkle Mittelstreifen.
Pflege Die Pflanzen brauchen nachts Temperaturen
bis 10 °C und tagsüber Werte bis zu 28 °C, kombiniert mit mindestens 60 % Luftfeuchte. Bei Temperaturen über 28 °C leiden sie schnell. Aufgebunden
wachsen sie – bei hoher Luftfeuchte – sicherer als
im Topf. Im Sommer dürfen sie ins Freie.
Vitrine Kann man die hohen Temperaturunter-
schiede bieten, sind es ideale Vitrinenpflanzen.
Mini-Arten 5–10 cm: *Sophronitis cernua* (rot, →
Abb.); 10–15 cm: *S. brevipedunculata* (rot), *S. coccinea* (rot, auch gelb), *S. mantiqueirae* (rot).

Einige Arten blühen 10 bis 14 Tage, die meisten drei bis vier Wochen, Hybriden bis zu zwei Monate.

Wuchs Auffällig sind die fleischigen Triebe, auch Stamm genannt, von dem die ungestielten Blätter abgehen. Blütenrispen erscheinen mit einem langem Stiel aus dem obersten Bereich des Stamms oder kurz gestielt entlang des gesamten Stamms.

Pflege *Dendrobium*-Orchideen werden tempertiert-warm oder temperiert-kühl kultiviert. Alle genießen helle, warme Tage bei 16–20 °C, brauchen aber eine Nachtabsenkung auf 14–16 °C. Im Sommer kann man sie ins Freie stellen. Werden sie aufgebunden kultiviert, darf die Luftfeuchte nicht unter 60 % fallen. Noch besser ist eine höhere Luftfeuchte. Trotz dieser Ansprüche kann man die Pflanzen während der Blüte gut ans Wohnzimmerfenster stellen. Danach bringt man sie aber besser wieder an einen Standort mit hohen Temperaturunterschieden. Fragen Sie beim Kauf unbedingt, ob die Art oder Sorte eine deutliche Ruhephase benötigt. Wenn ja, ist eine Trockenzeit mit deutlich kühleren Temperaturen von 10–12 °C von Dezember bis Januar nötig. Zudem sollten solche Dendrobien ab August, wenn der neue Trieb vollständig ausgebildet ist, bis Dezember/Januar keinen Dünger bekommen. Letzteres betrifft besonders *Dendrobium-nobile*-Minis.

Vitrine Durch die Vielzahl kleinwüchsiger Arten ist die Gattung ideal für die Vitrine. Diese muss aber in einem Raum stehen, in dem es nachts deutlich abkühlt. Wichtig ist eine gute Belüftung, sonst wird es nachts zu feucht.

Mini-Arten und -Sorten 5–10 cm: *Dendrobium aberrans* (weiß), *D. aemulum* (weiß), *D. peguanum* (weiß/rosa), *D. lamyaiae* (orange); 10–20 cm: *D. loddigesii* (rosa/gelb), *D.-nobile*-Hybriden (weiß, lila, pink), *D.-phalaenopsis*-Hybriden (weiß, rosa, gesplasht, → Abb.).

Großgattung Dendrobium

BREITE 5–20 cm | **HÖHE** 4–20 cm | **BLÜTEZEIT** ganzjährig, je nach Art | **FARBE** gelb, weiß, rot

Zu der aus Asien und Australien stammenden Gattung *Dendrobium* gehören rund 1000 Arten, die überraschend unterschiedlich aussehen. Darunter sind viele kleinwüchsige zu finden. In der Natur wachsen Dendrobien immer auf Bäumen.

Blüte Weil die Sepalen und Petalen fast gleich groß und sich sehr ähnlich sind, wirken die gelb, weiß oder rot gefärbten Blüten meist rundlich. Auch die Lippe ist nicht größer, aber deutlich anders geformt und meist auch anders gefärbt. Die Lippe geht in einen kurzen Sporn über, der nach hinten ragt. Er ist das typische Merkmal einer *Dendrobium*-Blüte.

 hell Halbschatten ● Schatten  einsprossig  mehrsprossig

D.-bellatulum-Gruppe

BREITE 10–20 cm | **HÖHE** 5–15 cm | **BLÜTEZEIT**
März–Mai | **FARBE** weiß/orange

Nur einige Vertreter der *Dendrobium-bellatulum-*
Gruppe sind kleinwüchsig. Ihr leichter Duft macht
sie besonders attraktiv.
Blüte Sternförmige, weiße Blüten mit breiter, oran-
gefarbener Lippe. An einer Rispe sitzen drei bis fünf
Blüten, die bei den Arten zwei bis drei Wochen, bei
den Hybriden bis zu fünf Wochen halten.
Wuchs Kurze, fleischige Bulben mit kleinen fla-
chen, silbergrauen Blättern.
Pflege Kühl-temperiert bei 16–20 °C am Tag und
10–14 °C in der Nacht kultivieren. Die Nachtabsenkung ist wichtig. Im Sommer ins Freie stellen. Bei
Blockkultur verwendet man keine oder nur sehr
dünne Mooslagen und achtet auf hohe Luftfeuchte.
Vitrine Ist die Nachtabsenkung gewährleistet, eignen sich diese Orchideen sehr gut für die Vitrine.
Mini-Arten und -Sorten *Dendrobium bellatulum*
(→ Abb.), Fire Coral, *D. margaritaceum* (alle weiß/
orange).

D.-cuthbertsonii-Gruppe

BREITE 3–10 cm | **HÖHE** 4–12 cm | **BLÜTEZEIT**
je nach Art | **FARBE** rot, rosa, gelb, beige, bläulich

Zu dieser Gruppe (Sektion Oxyglossum) zählen
winzige Orchideen, deren Blüten teils größer sind
als der dazugehörige Trieb.
Blüte Blüten trompetenförmig, kräftige Farben. Teils
zweifarbige Kombinationen aus Rot, Gelb, Beige.
Wuchs Die kurzen, 1–3 cm langen Bulben tragen
zwei bis drei genoppte, raue Blätter.
Pflege Kultur kühl-temperiert. Tagsüber sollten die
Werte bei etwa 20 °C liegen, nachts und auch im
Winter stellt man die Pflanzen kühl, aber nicht
unter 12 °C. Auch im Sommer tun ihnen kühle
Nächte gut (Sommerquartier). Wichtig: Mit Regen-
wasser mit sehr schwacher Düngerlösung gießen.
Vitrine Stimmt die Nachtabsenkung, gedeihen sie
auch in der Vitrine gut. Beim Aufbinden eine dünne
Moosschicht unter und über die Wurzeln legen.
Mini-Arten *Dendrobium cuthbertsonii* (rot, rosa,
gelb, → Abb.), *D. cyanocentrum* (bläulich), *D. laevi-
folium* (pink), *D. prasinum* (weiß), *D. vexillarius* (rosa).

Großgattung Oncidium

BREITE 10–16 cm | **HÖHE** 3–20 cm | **BLÜTEZEIT** ganzjährig, je nach Art/Sorte | **FARBE** meist gelb

Die Minis dieser umfangreichen Großgattung zählen zu den weniger bekannten Gattungen wie *Cischweinfia*, *Macradenia* oder *Zelenkoa*. Neben echten Minis gibt es in dieser Gruppe mittlerweile viele verschiedene Hybriden. Richtige Frühblüher fehlen.

Blüte Die Blüten sind meist gelb, manchmal auch weiß, rosa oder bunt. Die Lippe ist meist größer als die anderen Blütenblätter. Die Blütenrispe entsteht seitlich am Grund der Bulbe. Die Blüten halten zwischen drei und sechs Wochen.

Wuchs Gattungen wie *Lemboglossum*, *Cochlioda*, *Mexicoa*, *Cischweinfia*, *Macradenia*, *Leochilus* und

Oncidium haben kleine rundliche Bulben, die meist abgeflacht und von zwei meist hellgrünen dünnen Hüllblättern eingerahmt sind. Auf der Bulbe sitzen ein bis drei weitere Blätter. Bei allen Arten sind die Wurzeln sehr dünn, sie haben nur eine geringe Wasserspeicherkapazität. Darum vertragen sie eine trockene Phase nur, wenn es zugleich kühl ist. Die meisten kleinwüchsigen *Oncidium* bilden wenige bis keine Luftwurzeln. Auch wenn sie aufgebunden kultiviert werden, ist ihr Wurzelzuwachs nicht groß.

Pflege Die *Oncidium*-Verwandten mit dünnen Blättern werden temperiert-kühl kultiviert, am Tag bei 16–20 °C, nachts bei 14–16 °C. Sie benötigen unbedingt eine Ruhephase. Dazu stellt man sie im Winter für zwei bis drei Monate in einen kühleren Raum und pflegt sie trockener. Alternativ kann man sie auch von Mai bis Ende September im Freien kultivieren. Auch beides ist möglich. Im Freien müssen die Pflänzchen aber mindestens zweimal pro Woche gegossen werden, da sie dort sehr schnell durchtrocknen. Bei der Topfkultur wählen Sie feines Substrat, da sie alle sehr feine Wurzeln bilden. Stoßen Sie den Topf während des Eintopfens öfter auf, damit das Substrat sich zwischen die Wurzeln setzt. Feines Substrat speichert die Feuchtigkeit deutlich länger, was ihnen gut bekommt.

Vitrine Die weichlaubigen Arten brauchen nicht nur eine hohe Nachtabsenkung von 6–8 °C, sondern auch eine deutliche Ruhephase. In der Vitrine kann man sie nur pflegen, wenn man ausschließlich Minis mit diesen Ansprüchen wählt.

Mini-Arten und -Sorten *Bakerara* Samurai (rotbraun-weiß), *Baptistonia echinata* (gelb/braun), *Cischweinfia dasyandra* (gelb), *Macradenia lutescens* (gelb), *Lemboglossum rossii* (weiß/braun), *Mexicoa ghiesbreghtiana* (gelb/rot, → Abb.) *Oncidium* Twinkle (weiß/rosa), *Zelenkoa onusta* (gelb).

 hell  Halbschatten ● Schatten 🌱 einsprossig 🌿 mehrsprossig

Comparettia-Gruppe

BREITE 3–12 cm | **HÖHE** 5–20 cm | **BLÜTEZEIT** ganzjährig, je nach Art | **FARBE** kräftige Farben

Zur Großgattung *Oncidium* gehören auch die Gattung *Comparettia* sowie weitere hartlaubige Arten.
Blüte Attraktive Blüten mit spornähnlichem Auswuchs und auffallend großer Lippe. Blütenrispen meist drahtig, hängend und teils sehr lang. Die Blüten halten drei bis vier Wochen.
Wuchs *S*ehr feste Blätter, meist auf kleinen Bulben.
Pflege Diese Minis werden temperiert-warm kultiviert. Sie brauchen keine große Nachtabsenkung und keine Ruhephase. Ideal sind am Tag 20 °C, nachts 14 °C. Bei entsprechender Luftfeuchte sind sie aufgebunden leichter zu kultivieren als im Topf.
Vitrine Die Blockkultur in der Vitrine ist einfach. Ein Tag-/Nachtunterschied von 4 °C reicht aus. Zumindest am Anfang sollte man eine dünne Schicht Moos unter und über die Wurzeln binden.
Mini-Arten 3–8 cm: *Comparettia speciosa* (orange, → Abb.), *Oncidium hians* (gelb/braun); 8–12 cm: *Trichocentrum tigrinum* (braun/weiß/rosé).

Tolumnia-Gruppe

BREITE 3–12 cm | **HÖHE** 5–15 cm | **BLÜTEZEIT** ganzjährig, je nach Art/Sorte | **FARBE** gelb, rosa

Die Naturformen dieser Gattung sind unspektakulär, aber die Hybriden – auch als Variegate-Oncidien bekannt – zeigen sehr attraktive Blüten.
Blüte Viele kleine, sehr farbintensive, bunte Blüten am Ende eines aufrechten, drahtigen Stiels.
Wuchs Die Blätter sind im Querschnitt dreieckig und stehen eng beisammen. Bulben fehlen.
Pflege Man kultiviert diese Minis temperiert-warm – am Tag bei 18–20 °C, nachts bei 14–16 °C. Eine Nachtabsenkung von 4 °C reicht aus.
Vitrine *Tolumnia* lassen sich aufgebunden in der Vitrine leichter kultivieren als im Topf auf der Fensterbank, weil in der Vitrine die Wurzeln gut abtrocknen können. Anfangs bindet man eine dünne Schicht Moos unter und über die Wurzeln.
Mini-Arten und -Sorten 3–5 cm: *Erycina* (*Psygmorchis*) *pusilla* (gelb); 8–12 cm: *Rodrumnia* (*Rodricidium*) Mystique (rosa), *Tolumnia* Irene Gleason (gelb), Spicy Pink (rot). *Tolumnia* Red Berry (rosa, → Abb.).

Großgattung Paphiopedilum

BREITE 6–20 cm | **HÖHE** 5–10 cm | **BLÜTEZEIT** ganzjährig, je nach Art | **FARBE** rotbraun, grün

Unter den *Paphiopedilum*-Orchideen gibt es bislang nur wenige Züchtungen, die im Pflanzen- und Blütenaufbau wirklich kleinbleibend sind, also Minicharakter haben. Doch durch Neuentdeckungen wie *Paphiopedilum helenae* (1996) oder *P. thaianum* (2006) bzw. Selektionen kleinwüchsiger *P. callosum*-Varietäten wie *P. callosum* var. *thailandense* bzw. einer Pygmy-Form gibt es in dieser Gruppe mittlerweile interessante neue Züchtungen. Grundsätzlich haben alle Mini-*Paphiopedilum* einzeln gestielte Blüten. Mehrblütige Rispen oder sogenannte Revolverblüher – also Pflanzen, deren Blütenknospen sich nacheinander öffnen – kommen unter den Miniformen nicht vor. Aufgrund der Kleinwüchsigkeit können diese Pflanzen in einem Topf mit 9 cm Durchmesser aber mehrere Triebe mit Einzelblüten nebeneinander hervorbringen, was sehr attraktiv aussieht.

Auch über lange Zeit werden einige Arten wie *Paphiopedilum bellatulum* oder *P. concolor* nicht sehr groß. Ihr Laub hängt zwar deutlich über den Rand eines 9-cm-Topfs, aber die Blütenrispe ist sehr kurz und die weiß bis beige, schwarz gepunktete Blüte recht groß. Einige kleinwüchsige Arten gibt es auch unter den nah verwandten südamerikanischen Frauenschuhen, den *Phragmipedium*. Doch diese werden schon nach kurzer Wachstumszeit recht buschig und nehmen dann viel Platz ein. Sehr klein, aber recht schwierig zu pflegen ist die erst im Jahr 1992 entdeckte Art *Mexipedium xero-*

 hell  Halbschatten ● Schatten einsprossig mehrsprossig

NEWCOMER *Paphiopedilum tranlienianum* wurde erst im Jahr 1998 entdeckt (links).

ZIERDE Leuchtkraft besitzen die Blüten von *P. helenae* (oben). Die von *Mexipedium xerophyticum* sind zwar klein, aber äußerst reizvoll (unten).

phyticum. Dieser ebenfalls aus Südamerika stammende Frauenschuh wird kalt gepflegt.

Blüte Die Lippe dieser Orchideen hat die Form eines Schuhs oder Pantoffels – daher der deutsche Name »Frauenschuh«. Es handelt sich bei diesem Blütentyp um eine sogenannte Kesselfalle. Bestäubende Insekten fallen zunächst in den Schuh (Kessel) und sind dann gezwungen, diesen durch eine bestimmte Höhlung wieder zu verlassen. Dabei bestäuben sie die Blüte und nehmen Pollen auf, den sie wiederum zur nächsten Blüte weitertragen. Die Blüten sind meist mehrfarbig und häufig gestreift, gepunktet oder anders gezeichnet. Sie sitzen bei den Miniformen einzeln am Ende eines kurzen Stiels, der aus der Mitte der Pflanze entspringt. Ein Trieb blüht immer nur einmal. Neu entstandene Triebe blühen erst im darauffolgenden Jahr. Die Blühdauer liegt zwischen einem und zwei Monaten.

Wuchs Die Blätter sind kurz, dünn, gegenständig und bei den Miniformen meist marmoriert. Sie entspringen zu beiden Seiten aus einem Punkt und sind am Ansatz v-förmig und nicht gestielt. Diese Minis haben relativ wenige Blätter und Triebe.

Pflege Klein bleibende *Paphiopedilum*-Orchideen können allesamt warm-temperiert gepflegt werden. Ideal sind 18–20 °C am Tag und 14–16 °C in der Nacht. Damit sind sie sehr gut für die Fensterbank geeignet. Außerdem stellen sie keine hohen Ansprüche an die Luftfeuchte, auch wenn ihnen ein feuchtes Klima zusagt. Da alle *Paphiopedilum* rein terrestrische Orchideen sind, kann man sie nicht aufgebunden kultivieren, sondern nur im Topf. Ihre Wurzeln wirken pelzig, da sie mit vielen kurzen Wurzelhaaren besetzt sind. Weil diese Wurzelhärchen an der Luft schnell vertrocknen und die Wurzeln geschädigt werden, verwendet man feines bis mittelgrobes Substrat. Solches Substrat ist luftdurchlässig, hält die Feuchtigkeit aber trotzdem lange an den Wurzeln. Selbst im Winter sollte das Substrat immer eine leichte Grundfeuchte haben. Verabreichen Sie diesen Orchideen in der dunklen Jahreszeit deshalb etwa alle drei Tage kleine Rationen Wasser. Das Substrat darf dabei aber auf keinen Fall völlig durchnässt werden und nass bleiben. Alle sechs Monate mischt man eine kleine Kalkgabe in das Substrat. Dies sorgt dafür, dass die Substratstruktur erhalten bleibt. Dazu verteilt man einen halben bis einen Teelöffel kohlensauren Kalk gleichmäßig auf dem Pflanzstoff. Anschließend spült man das Substrat kräftig mit Wasser durch. Dieses sogenannte Aufkalken ist nicht nötig, wenn Sie die Pflanzen mindestens alle zwei Jahre umtopfen und mit Kalk versetztes Substrat verwenden.

Vitrine Für die Vitrine sind die Mini-*Paphiopedilum* nur sehr bedingt geeignet, da sie auf jeden Fall im Topf kultiviert werden müssen. In einer Vitrine können Sie sie nur unterbringen, wenn dort der Boden mit einer Kiesschicht bedeckt ist, durch die Luft zirkulieren kann. Stehen die Töpfe auf dieser Kiesschicht, ist gewährleistet, dass das Substrat rasch wieder abtrocknet und nicht zu lange nass bleibt.

Mini-Arten 6–8 cm: *Paphiopedilum callosum* var. *thailandense* (braun), *P. callosum* Pygmy Form (braun), *P. helenae* (gelb, → Abb.), *P. thaianum* (weiß); 8–20 cm: *P. barbatum* (braun), *P. hermannii* (rosa), *P. niveum* (weiß), *P. tranlienianum* (grün/weiß, → Abb.), *Mexipedium xerophyticum* (weiß, → Abb.).

Großgattung Phalaenopsis

BREITE 5–20 cm | **HÖHE** 5–15 cm | **BLÜTEZEIT**
ganzjährig, je nach Art/Sorte | **FARBE** alle Farben
außer Blau und Orange

Nachdem sich *Phalaenopsis*-Orchideen zu den
beliebtesten und bekanntesten Vertretern in der
Orchideenfamilie entwickelt haben, war es nur
selbstverständlich, dass auch bei ihnen neue Mini-
Zuchtlinien verfolgt wurden. Erst gab es unter den
Mini-*Phalaenopsis* nur solche mit rosa Blüten, doch
bald kamen gelbe, weiße und bunte Varianten
dazu. Und auch diese Minis sind schnell zu belieb-
ten Topfpflanzen geworden. Leider bleiben sie auf
Dauer aber nicht so klein, wie sie angeboten werden. Spätestens nach dem Umtopfen in einen grö-

ßeren Topf legen sie etwas an Größe zu. Allerdings
erreicht keine der neuen Mini-Züchtungen die Ma-
ße der bekannten Standardform mit bis zu 50 cm
Blattspannweite.

Zwar gibt es auch unter den *Phalaenopsis*-Orchide-
en einige, die von Natur aus klein sind, aber nur
wenige gelten als einfach zu kultivieren, wie etwa
P. parishii und *P. lobbii*. Arten wie *P. stobartiana* oder
P. wilsonii sind dagegen eher etwas für fortgeschrit-
tene Orchideenliebhaber. *P. equestris* und *P. lindenii*
sind früh blühende Arten: Sie kommen über Jahre
mit einem 9 cm großen Topf aus. Auch *P. mannii*
oder *P. bastianii* blühen früh, werden aber mit der
Zeit deutlich größer. Außerdem werden sie durch
ihre Kindel an den Blütenrispen voluminös. *Phalaenopsis*-Orchideen blühen im Durchschnitt zwei bis
drei Monate, viele sogar deutlich länger. Leider ist
das nicht sortenbedingt, sondern hängt von den
Pflegebedingungen und den einzelnen Pflanzen ab.

Blüte Die neuen Mini-*Phalaenopsis* haben attraktive kleine, runde Blüten, deren Form den Blüten der
großen *Phalaenopsis* entspricht. Meist hat eine
Pflanze mehrere Blütenrispen. Einige haben viele
rosafarbene Blüten mit teilweise verzweigenden
Rispen. Bei diesen erkennt man leicht den Einfluss
der kleinwüchsigen *P. equestris*. Klein und sehr
attraktiv ist *P.* Mini Mark mit orange gepunkteten
weißen Blüten und der orangefarbenen Lippe.

Wuchs Die breiten, fleischigen Blätter stehen
gegenständig und sitzen dicht beisammen. Meist
sind sie hellgrün, sie können aber auch etwas
dunkler und schön marmoriert sein.

Pflege Mini-*Phalaenopsis* werden warm kultiviert.
Am Tag müssen die Temperaturen über 18 °C liegen, 20–26 °C sind optimal. Die Nachtabsenkung
sollte mindestens 2–4 °C betragen. Allerdings sollte die Nachttemperatur nicht unter 16 °C sinken.

 hell Halbschatten ● Schatten einsprossig mehrsprossig

Ganz nach Wunsch wird *Phalaenopsis* Mini Mark als Miniorchidee, aber auch als mehrrispige halbgroße Pflanze im Handel angeboten.

Phalaenopsis equestris ist eine der Elternpflanzen aller Mini-*Phalaenopsis*. Sie vererbt so begehrte Eigenschaften wie Viel- und Langblütigkeit.

Treibt eine Pflanze keine neuen Blüten, stellt man sie für zwei Monate an ein kühleres Fenster mit ca. 16 °C. Obwohl diese Pflanzen sehr an unsere Wohnräume angepasst sind, sollte man für eine hohe Luftfeuchte sorgen. Mini-*Phalaenopsis* müssen häufiger gegossen werden als ihre großen Verwandten. Denn in dem kleineren Topf kann weniger Wasser gespeichert werden, und Substrat und Wurzeln trocknen deutlich schneller ab als in einem großen Gefäß. Ein Topf mit 6 cm Durchmesser sollte alle drei bis fünf Tage, einer mit 9 cm Durchmesser alle vier bis sechs Tage gegossen werden. Umgetopft wird regelmäßig alle zwei Jahre. Bei vielen Mini-*Phalaenopsis* entstehen an der Blütentriebspitze neue Knospen. Man sollte sie nur stehen und sich entwickeln lassen, wenn sie kräftig und attraktiv sind. Wenige oder kümmerliche Knospen schneiden Sie besser ab, sie schwächen die Pflanze nur. Bei sehr kleinen Minis (in einem 6-cm-Topf) mit kurzer, gestauchter Rispe ist das Abschneiden der verblühten Rispe nicht sinnvoll, da sie nicht aus dem alten Stiel austreiben, sondern neue Blütentriebe bilden. Bei stärkeren Pflanzen können Sie verblühte Rispen dagegen wie gewohnt über einem Auge mittlerer Höhe abschneiden. Dieses treibt dann meist innerhalb von drei Monaten wieder aus.

Vitrine Mini-*Phalaenopsis* lassen sich gut aufgebunden in der Vitrine kultivieren – je nach Luftfeuchte mit oder ohne Moos um die Wurzeln. Die geringe Nachtabsenkung, die durch das Ausschalten der Beleuchtung nachts entsteht, reicht meist aus.

Mini-Arten und -Sorten 5–10 cm: *Phalaenopsis lobbii* (weiß/braun), *P. parishii* (weiß/lila), Micro Nova (beide weiß/orange); 10–15 cm: *Doritaenopsis* Sogo Vivien (weiß/rosarot), Ho's Amaglad (weiß/gelb), Hsinying Yenlin (rosarot, → Abb. Seite 44), Sogo Gotris (gelb); 10–20 cm: *Phalaenopsis amabilis* (weiß), *P. equestris* (rosa, → Abb.), *P. lindenii* (weiß mit Streifen), Mini Mark (weiß/orange, → Abb.); weitere Arten und Sorten → Seite 46/47.

Mini-Phalaenopsis im Porträt

Miniorchideen der *Phalaenopsis*-Gruppe lassen kaum
Wünsche offen: Die Schönheiten sind nicht nur pflege-
leicht und für Büro und Wohnzimmer geeignet, sondern
überraschen zudem mit unglaublicher Blütenvielfalt.

VIELBLÜTIG *Doritaenopsis*
Sogo Vivien zeigt, was sie kann:
Die kleinen Pflanzen bilden
mehrere sogar verzweigte Triebe und tragen Unmengen hüb-
scher Blüten.

GRAZILE SCHÖNHEIT *Phalaenopsis mannii* bleibt von Natur
aus recht klein. Ihr Pluspunkt:
An mehreren kurzen Rispen
präsentiert sie attraktive, sternförmige Blüten mit einem kräftigen rot-gelben Muster.

FRÖHLICH Eine neue Züchtung
ist *Doritaenopsis* Sogo Chabstic.
Solche sogenannten Harlekin-
muster mit kräftigen Farbkon-
trasten haben mittlerweile auch
Einzug bei den Minis gehalten.

UNGEWÖHNLICH *Doritaenopsis* Purple Martin trägt blaue Blüten – eine Seltenheit in der Gruppe der *Phalaenopsis*-Orchideen. Diese neue Zuchtrichtung wird bei den Miniorchideen vehement verfolgt und zeigt schon einigen Erfolg.

RARITÄT Die seltene *Phalaenopsis lindenii* blüht attraktiv in zarten Farbnuancen und mit apartem Streifenmuster. Außerdem öffnet sie an der Rispenspitze immer wieder neue Blüten.

AUFFÄLLIG *Phalaenopsis parishii* ist sehr klein und leicht zu pflegen. Sie bildet viele Rispen aus und wächst auch aufgebunden gut. Beim Eintopfen den Wurzelhals frei lassen!

BIZARR Mit *Phalaenopsis* nah verwandt ist die von Natur aus kleine *Kingidium chibae*. Ihre breiten Blätter erinnern an die von *Aerangis*, die Rispe mit den dekorativen Blüten steht senkrecht nach oben.

TIGERMUSTER Sehr kontrastreich sind einige Primärhybriden wie *Phalaenopsis* n. r. (*bastianii* x *mannii*). Wie die Eltern trägt sie sternförmige Blüten an mehreren, kurzen Rispen.

Großgattung Pleurothallis

BREITE 4–12 cm | **HÖHE** 5–20 cm | **BLÜTEZEIT** ganzjährig, je nach Art | **FARBE** alle außer Blau

Die Einsteigerpflanze unter den *Pleurothallis*-Verwandten ist die *Masdevallia*, von der einige Arten neuerdings auch unter dem Namen *Alaticaulia* zu finden sind. Bis vor einigen Jahren galt sie noch als heikles Pflänzchen, doch mittlerweile sind durch gezielte Züchtung pflegeleichte Hybriden entstanden, die problemlos von jedermann auf der Fensterbank gepflegt werden können. Abgesehen von einigen ganz speziellen Arten – die aber auch nur sehr schwierig zu bekommen sind –, kann man alle Pflanzen dieser Großgattung – und das sind weit über 2000 Arten – im Zimmer kultivieren.

Blüte *Pleurothallis*-Sammler zücken meist die Lupe, wenn sie ihre »Schätze« bewundern, denn die Blüten sind im Allgemeinen sehr klein. Doch der Griff zum Vergrößerungsglas lohnt sich: Die meisten Blüten überzeugen mit bunten Farben und ungewöhnlichen, bizarren Formen. Der Blütenaufbau unterscheidet sich sehr deutlich von dem anderer Orchideen: Die Lippe ist meist sehr klein, die auffälligen Blütenblätter sind hier die Sepalen. Einige Blüten gleichen den *Bulbophyllum*-Orchideen, doch durch den stark unterschiedlichen Wuchs sind die beiden Gruppen nicht zu verwechseln. Entweder sind alle drei Sepalen – wie bei *Masdevallia* – bis zur Hälfte zusammengewachsen, oder – wie bei den meisten Arten – die beiden unteren Sepalen sind zu einem sogenannten Synsepalum verwachsen. Dieses zeigt nach unten, und die Fahne steht frei nach oben. Die Blüten halten oft nur zwei bis drei Wochen, doch haben viele Sorten keine feste Blütezeit, sodass rund ums Jahr immer mal wieder neue Blüten erscheinen.

Wuchs Typischer Wuchs, der sich deutlich von dem anderer Orchideen unterscheidet. Jeder Trieb sieht aus, als ob er aus einem gestielten Blatt bestehen würde. Oft sitzen die Blätter auch mittig auf den sehr dünnen Trieben, und die Blüten sitzen kurz gestielt auf der Oberseite des Blatts. Die meist harten Blätter sind herzförmig bis lanzettlich.

Pflege Auch wenn sich viele Arten dieser Großgattung auf der Fensterbank kultivieren lassen, haben sie doch einige besondere Ansprüche. Erkundigen Sie sich beim Kauf unbedingt, bei welcher Temperatur die jeweilige Orchidee kultivert werden muss – dies ist je nach Art oder Sorte sehr unterschiedlich. Die meisten kommen mit einem halbschattigen Standort zurecht und brauchen eine gleichmäßig hohe Luftfeuchte. Im Topf kultivierte Pflanzen

☀ hell ☼ Halbschatten ● Schatten  einsprossig  mehrsprossig

Die dunkel gefärbten Fäden sind die Sepalen. Sie verleihen den Blüten von *Dracula psittacina* einen ganz eigenen Charakter.

Typisch *Pleurothallis*: Die hübsch rot-gelb gezeichneten Blüten der winzigen *Pleurothallis hondurensis* liegen flach auf den Blättern auf.

stellt man deshalb am besten auf Fensterbank-schalen. Besprühen Sie die Pflanzen zudem täglich oder alle zwei Tage. An heißen Sommertagen sollten Sie sie kräftig schattieren oder an ein Nordfenster stellen. Trotz dieser Maßnahmen zur Erhöhung der Luftfeuchte dürfen Sie das Gießen nicht vergessen. Halten Sie die Pflanzen das ganze Jahr feucht, aber nicht zu nass. Im Winter wird weniger gegossen als im Sommer. Wegen der feinen Struktur dieser Pflanzen und dem Fehlen ausgeprägter Bulben vertragen sie keine Ruhephase bzw. Trockenzeit. Aus dem gleichen Grund sollte man zum Eintopfen lockeres, feines Substrat verwenden, es speichert die Feuchtigkeit im Wurzelraum länger. Die Pflanzen lassen sich sehr einfach teilen: Jeder Trieb – also jedes Blatt – ist eine komplette Pflanze. Lassen Sie mindestens fünf Triebe zusammenstehen, damit die Pflanze genug Kraft hat, wieder anzuwachsen.

Vitrine Die Pflanzen dieser Großgattung sind perfekt für die Vitrine geeignet: Weil sie von Natur aus alle Epiphyten sind, kultiviert man sie am besten aufgebunden. Ist die Luftfeuchte hoch genug, vertragen die meisten hohe Tagestemperaturen und brauchen keine große Nachtabsenkung, 4–6 °C Unterschied reichen aus. Wichtig: Die Temperatur darf nicht unter 10 °C fallen. Beim Aufbinden gibt man eine dünne Schicht Moos um die Wurzeln. Dies hilft der Pflanze, auf der Unterlage festzuwachsen. Ist das Mikroklima in der Vitrine sehr trocken, darf die Moosschicht dicker sein, damit die Wurzeln feucht bleiben. Zum Festbinden empfehlen sich zerschnittene Nylonstrümpfe, Bindedraht schneidet zu leicht in die Wurzeln ein.

Mini-Arten 4–8 cm: *Dryadella albicans* (weiß), *Masdevallia nidifica* (braun), *Scaphosepalum gibberosum* (gelb/braun); 8–12 cm: *Dracula psittacina* (weiß/gelb, → Abb.), *Masdevallia ampullacea* (weiß/gelb, → Abb. Seite 48), *M. patula* (rot-braun), *Pleurothallis hondurensis* (gelb/rot, → Abb.), *P. mirabilis* (weiß); weitere Arten → Seite 50/51.

Mini-Pleurothallis im Porträt

Für Miniorchideen-Sammler ist die Großgattung *Pleurothallis* eine Schatztruhe: Sie bietet eine Fülle natürlicher Miniorchideen, die sich scheinbar einen Wettstreit um die schönsten und originellsten Blüten liefern.

HAARIG Abstehende Härchen selbst auf der Blüte und ein witziges gelb-rotes Muster bietet *Dresslerella hirsutissima*. Die Lippe ist gepunktet, die Fahne gestreift.

FLEISSIG Erst unter der Lupe offenbart sich die volle Schönheit der kleinwüchsigen *Platystele stenostachya*. Trotz ihrer Winzigkeit trumpft sie mit großer Blütenfülle auf.

GEHEIMNISVOLL Eine sehr eigenwillig gebaute Blüte hat diese *Stelis*-Miniorchidee. Selbst Spezialisten haben ihre Mühe, die Arten dieser Gattung genau zu bestimmen.

EIGENWILLIG Die kaum an Orchideen erinnernden Blüten von *Scaphosepalum martineae* sowie die Blüten der anderen Arten dieser Gattung sind nicht resupiniert, d. h., ihre Lippe weist nach oben.

EINDRUCKSVOLL *Dryadella edwallii mit* ihren imposanten, auffällig gemusterten Blüten wurde früher als Mini-*Masdevallia* im Handel geführt.

SCHWEBEND Kleine Lippe, zum großen Synsepalum verwachsene Sepalen und lang ausgezogene Petalen: die Merkmale von *Restrepia nittiorhyncha*.

UNVERWECHSELBAR *Pleurothallis*-Blüten erkennt man an der einzeln stehenden Fahne und den zusammengewachsenen Sepalen. Diese ist als *Pleurothallis picta* bekannt, heißt heute aber *Acianthera pubescens*.

ELEGANT Der Name ist Programm: Erst mit der Lupe erkennt man den Zauber der bunt gemusterten Blüten von *Lepanthes elegantula*.

Großgattung Vanda

BREITE 8–20 cm | **HÖHE** 2–25 cm | **BLÜTEZEIT**
März–Oktober | **FARBE** gelb, rot, weiß

Die Gattung *Vanda* und Miniorchideen – das ist im
ersten Moment ein Widerspruch in sich. Vanda-
pflanzen und -blüten werden sehr groß, und auch
die kleineren Arten und Hybriden dieser Großgattung, wie etwa *Ascocenda*, werden immer noch so
groß, dass die Bezeichnung »Mini« nicht zutrifft.
Zur Überraschung vieler Orchideenfreunde zählen
zur Großgattung *Vanda* aber sehr viele andere Gattungen mit wirklich klein bleibenden Arten, wie
Neofinetia, *Haraella* oder *Gastrochilus*. Solche Pflanzen sind sicher nicht im Supermarkt erhältlich, aber
im Internet bzw. bei einem Orchideenzüchter fin-

den Sie eine reiche Auswahl an Vertretern dieser
Gattungen. Allerdings kommen unter den echten
Miniorchideen nicht die für die *Vanda*-Arten typi-
schen blauen Blüten vor.
Neben natürlichen Miniorchideen gibt es in den
Gattungen *Vanda*, *Ascocentrum* und *Renanthera*
auch einige früh blühende Minis. Ein Beispiel ist
die relativ klein bleibende *Vanda coerulescens*, die
blau bis bläulich blüht und erst nach mehreren Jahren bis zu 30 cm hoch wird, aber sehr schmal
bleibt. Bei der früh blühenden *Ascocentrum miniatum* verrät schon der Name, dass sie klein ist. Über
die Jahre wird sie aber doch so stattlich, dass sie
nicht mehr in die Kategorie »Mini« passt.
Blüte Die vielblütigen Rispen erscheinen in halber
Höhe seitlich aus dem Stamm. Meist kommt die
neue Rispe aus der Blattachsel, die etwas höher
liegt als die, aus der die getrocknete Rispe des Vor-

OPULENTE Blütenpracht in Rot und Gelb zeigt *Gastrochilus dasypogon* (links).

WEISS leuchtet *Amesiella monticola* (oben). *Ascocentropsis-pusilla*-Blüten sitzen dicht am Laub (unten).

jahrs noch herausschaut. Die Blüten sind relativ rund, da die Blütenblätter sich in Form und Größe meist recht ähnlich sind. Die Lippe ist deutlich kleiner und meist sehr unscheinbar. Sie ist wachsig fest, besitzt Riefen und Rillen und ist fast immer anders gefärbt als die Blütenblätter. Häufig hat sie einen kurzen Sporn, der eher wie ein Buckel aussieht. *Neofinetia falcata* dagegen trägt einen richtigen, langen Sporn. Die Blüten halten meist über einen Monat lang.

Wuchs Vereinfacht gesehen ist der Wuchs der *Vanda*-Orchideen immer sehr einheitlich. An einem kurzen bis langen Stamm sind die Blätter gegenständig angeordnet. Je nach Art variiert die Form der Blätter: Sie reicht von flach und breit bis zu schmal und v-förmig – mit allen Übergangsformen. Die Enden der Blätter sind arttypisch eingeschnitten oder leicht bis stark gezahnt. Die Wurzeln sind meist sehr fleischig und stehen seitlich vom Stamm ab. Diese Wurzeln sind ein typisches Merkmal – die *Vanda*-Verwandten bilden fast alle zahlreiche, dicke Luftwurzeln aus.

Pflege Grundsätzlich sind fast alle Pflanzen dieser Großgattung warm zu kultivieren. Tags vertragen sie Temperaturen zwischen 20 und 28 °C gut, nachts sollten die Temperaturen zwischen 14 und 18 °C liegen. Für kurze Zeit verkraften sie aber auch deutlich kühlere Werte. Die Pflanzen sind aus diesem Grund sehr gut für unsere Wohnungen geeignet. In Topfkultur sollten Sie aber nur solche Pflanzen halten, die Sie schon im Topf gekauft haben.

Leider wurzeln die Vertreter dieser Großgattung meist nicht gerne im Substrat, und ihre Wurzeln wuchern stark über den Topfrand. Wichtig ist dann eine ständig hohe Luftfeuchte, die Sie – wenn überhaupt – auf der Fensterbank nur mit Verdunstungsschalen und einigen anderen Maßnahmen erreichen können. Dazu gehört regelmäßiges, fast tägliches Besprühen der Wurzeln. Reicht die Luftfeuchte im Zimmer immer noch nicht aus, setzt man die Pflanze mit den Wurzeln besser in ein Holzkörbchen. Als Substrat verwendet man feste, grobe Materialen wie Farnwurzeln, Epiweb oder Holzkohle. Alternativ kann man die Pflanzen auf diesen Materialen oder Kork, Rinde und Harthölzern aufbinden. Wichtig: Decken Sie die Wurzeln auf keinen Fall mit Moos ab. Wie ihre großen Verwandten lassen sich diese Minis aber auch ohne Substrat in einem Glas kultivieren – eine besonders reizvolle, dekorative Variante. Dazu werden die Wurzeln in ein hohes Glas gedreht, das man einmal wöchentlich mit Regenwasser füllt. Nach 5–10 Minuten, wenn die Wurzeln grün und vollgesogen sind, gießt man das restliche Wasser so weit ab, bis es nur noch 1 cm hoch im Glas steht. So bleibt die Luftfeuchte dauerhaft hoch.

Vitrine Alle *Vanda*-Verwandten sind sehr gut für die Vitrine geeignet. Wichtig ist eine hohe Luftfeuchte und eine Nachtabsenkung um bis zu 4 °C.

Mini-Arten und -Sorten 8–12 cm: *Ornithocephalus estradae* (weiß/grün), *Pteroceras semiteretifolium* (weiß/gelb), *Schoenorchis fragrans* (lila), *Tuberolabium kotoense* (weiß); 12–20 cm: *Amesiella monticola* (weiß, → Abb.), *Ascocentropsis pusilla* (weiß/pink, → Abb.), *Gastrochilus calceolaris* (gelb/braun), *G. dasypogon* (gelb/rot, → Abb.), *Sarcochilus* Fitzhart (weiß/rosa), *Vanda lilacina* (weiß/blau); weitere Arten und Sorten → Seite 54/55.

Mini-Vanda im Porträt

Miniorchideen der Großgattung *Vanda* stehen ihren üppigen Schwestern in nichts nach: Sie bieten leuchtende Farben, zarte Blütenrispen, Blüten mit bizarren Spornen oder Blütenschönheiten in dezenten Farbnuancen.

KLEIN UND GROSS Ein winziges Pflänzchen mit großen, wunderschön gezeichneten Blüten ist *Haraella retrocalla*, früher *H. odorata* genannt.

FRAGIL Eine Mini-Schönheit mit zarten Blütenrispen und bezaubernden weißen Blüten ist *Schoenorchis micrantha*. Sie ist eine von mehreren kleinwüchsigen *Schoenorchis*-Arten.

VERSTECKT Unter ihren großen Schwestern in der Gattung *Trichoglottis* ist *T. triflora* die einzige kleinwüchsige. Ihre Blüten sitzen gut verborgen zwischen den Blättern.

WEHRHAFT Ihr schwungvoll gebogener langer Sporn hat der weiß blühenden *Neofinetia falcata* den Namen »Samurai-Orchidee« eingebracht. Sie ist in Japan sehr beliebt.

ÜPPIG Die seltene *Ceratocentron fesselii* ist die einzige Vertreterin dieser Orchideen-Gattung. Ihre leuchtend bunt gefärbten Blüten stehen dicht beieinander.

HEITER Vielblütig und farbenfroh ist *Sarcophyton pachyphyllum*, eine von drei Arten dieser Gattung. Bekannter sind sie unter dem Namen *Cleisostoma*.

DEZENT Reizvoll gezeichnet sind die zartfarbenen Blüten von *Sedirea japonica*. Sie blüht früh und wird nicht allzu groß. Früher zählte sie zu *Aerides*. Als neuer Gattungsname wurde dieser Name einfach rückwärts buchstabiert.

ORIGINELL Mit den weißen und pinkfarbenen Blüten und dem gelben Fleck auf der Fahne ist *Malleola baliensis* unverkennbar. Das Pflänzchen ist sehr wärmeliebend.

Gattung Maxillaria

BREITE 8–20 cm | **HÖHE** 10–20 cm | **BLÜTEZEIT** ganzjährig, je nach Art | **FARBE** rot, orange

Die über 500 Arten dieser Gattung stammen aus Regionen von Florida bis Argentinien. Von Natur aus kleine Arten sind selten, doch viele lassen sich klein halten, indem man sie immer wieder teilt.
Blüte Die Sepalen sind größer als die Petalen und geben der Blüte ein sternförmiges Aussehen. Die Lippe ist mittelgroß, oft fransig und anders gefärbt. Die Pflanzen blühen drei bis fünf Wochen.
Wuchs Kleine, kugelige Bulben mit zwei bis drei starren, aufrechten Blättern.
Pflege Temperiert-warm kultivieren. *Maxillaria* lieben eine hohe Nachtabsenkung, aber keine Temperaturen unter 14 °C. Im Sommer dürfen sie ins Freie. Aufgebunden wachsen sie sehr leicht.
Vitrine Die echten Mini-*Maxillaria* eignen sich als Bodendecker für Vitrinen, da sie sehr wüchsig sind.
Mini-Arten 8–12 cm: *Maxillaria schunkeana* (dunkelrot/fast schwarz); 12–20 cm: *M. juergensii* (orange, → Abb.), *M. tenuifolia* (rotbraun/weiß).

Gattung Polystachya

BREITE 5–15 cm | **HÖHE** 5–20 cm | **BLÜTEZEIT** ganzjährig, je nach Art | **FARBE** weiß, gelb

Die Arten dieser Gattung kommen in tropischen und subtropischen Regionen der ganzen Welt vor.
Blüte Bei den Blüten zeigt die Lippe nach oben. Es gibt Revolverblüher mit jeweils einer offenen Blüte genauso wie Rispen mit Hunderten von Blüten. Die Blüten halten zwei bis fünf Wochen.
Wuchs Sehr unterschiedliche Formen: Es gibt Arten mit verdickten Trieben, die zwei bis drei aufrechte Blätter tragen, aber auch bulbenlose Arten.
Pflege *Polystachia*-Orchideen brauchen nicht viel Licht. Sie werden temperiert-warm kultiviert, ideal sind tags 18–22 °C und nachts 14–16 °C. Alle genießen ein Sommerquartier.
Vitrine Sie gedeihen gut in Vitrinen. Weil viele Arten hohe, aufrechte Rispen haben, muss die Vitrine hoch genug sein.
Mini-Arten 5–10 cm: *Polystachya bella* (gelb-orange, → Abb.), *P .vulcanica* (weiß/rot); 10–15 cm: *P. maculata* (gelb/braun), *P. virginea* (weiß/gelb).

 hell  Halbschatten ● Schatten  einsprossig 🌿 mehrsprossig

Gattung Telipogon

BREITE 4–10 cm | **HÖHE** 5–12 cm | **BLÜTEZEIT** August–November | **FARBE** meist gelb mit rot

Die Arten dieser Gattung kommen vor allem aus den Nebelwäldern der Anden sowie aus Costa Rica.
Blüte Dünne, hinter den Petalen versteckte Sepalen, die Lippe weist nach oben. Stark behaarte, meist schwarze Säule in der Mitte. Die kräftig gefärbten Blüten halten nur 14 Tage.
Wuchs Sehr kleine Pflanzen mit großen Blüten.
Pflege Sehr schwierige Kultur. Da *Telipogon* aus Nebelwäldern stammen, brauchen sie 100 % Luftfeuchte und kühle Temperaturen: tags 16–20 °C, nachts 10–12 °C. Dank der sehr fleischigen Wurzeln können sie – bei hoher Luftfeuchte – Trockenzeiten (ohne Gießen) überstehen. Beim Aufbinden legt man das Moos nur locker um die Wurzeln.
Vitrine Optimal für die Vitrine, für die Fensterbank völlig ungeeignet.
Mini-Arten *Telipogon berthae* (gelb/braun), *T. butcherii* (gelb/rot), *T. griesbeckii* (gelb/rot, → Abb.), *T. tesselatus* (weiß/rot).

Großgattung Zygopetalum

BREITE 9–20 cm | **HÖHE** 15–20 cm | **BLÜTEZEIT** ganzjährig, je nach Art | **FARBE** gelb, weiß, blau

Natürliche Miniorchideen gibt es in dieser Großgattung nicht. Aber viele Arten und Hybriden lassen sich klein halten.
Blüte Sehr ähnliche Petalen und Sepalen, meist große und anders gefärbte oder gefranste Lippe. Viele einzeln gestielte Blüten pro Pflanze; die Blüten halten drei bis sechs Wochen.
Wuchs Kleine, von Hüllblättern umgebene Bulben mit zwei bis drei weiteren, sehr dünnen Blättern.
Pflege *Zygopetalum* und ihre Verwandten kultiviert man je nach Art temperiert-warm bis kühl. Beim Umtopfen die Wurzeln kräftig zurückschneiden. Man setzt sie in feines Substrat und hält sie feucht, aber nicht nass. Im Sommer ins Freie stellen.
Vitrine Für größere Vitrinen gut geeignet. Beim Aufbinden nur wenig Moos zwischen die Wurzeln legen.
Mini-Arten *Keferanthes* Sua Mena (weiß/rot, → Abb.), *Kefersteinia tolimensis* (weiß/rot), *Paradisanthus micranthus* (beige), *Promenaea xanthina* (gelb).

Blockkultur

Kulturmethode, bei der man Orchideen ihrer epiphytischen Lebensweise entsprechend auf einer Unterlage aufgebunden und ohne Substrat kultiviert.

Bulben

Auch Pseudobulben genannt. Verdickte Sprossabschnitte bei sympodialen Orchideen, die Wasser und Nährstoffe speichern. Bulben können je nach Art verschiedene Formen haben.

CITES

Dokumente, die den legalen Handel von unter Artenschutz stehenden Pflanzen bescheinigen.

Epiphyten

Auch Aufsitzerpflanzen genannt. Pflanzen, die ohne Kontakt zur Erde auf anderen Pflanzen wachsen, um mehr Licht zu bekommen. Sie entziehen den Pflanzen aber weder Wasser noch Nährstoffe.

Epiweb

Aufbindematerial aus Kunststoff, in dem Orchideen leicht wurzeln. Es ist in verschiedenen Formen erhältlich und verrottet nicht.

Fahne

Das umgebildete, nach oben weisende äußere Blütenblatt einer Orchideenblüte. Bei *Paphiopedilum* ist die Fahne meist besonders groß, ungewöhnlich geformt und anders gefärbt als die übrigen Blütenblätter.

Gattung

Pflanzenfamilien sind in Gattungen unterteilt. Eine Gattung enthält ein bis mehrere Arten. Die Arten innerhalb einer Gattung haben einen zweiteiligen wissenschaftlichen Namen, der aus der Gattungsbezeichnung und dem Artnamen besteht. Der Gattungsname wird groß-, der Artname kleingeschrieben – z. B. *Dendrobium loddigesii*.

Gattungshybride

Nachkommen aus zwei oder mehreren unterschiedlichen Gattungen. Es gibt heute Orchideen, die von bis zu neun verschiedenen Elterngattungen abstammen.

Generative Vermehrung

Geschlechtliche Vermehrung durch Samen. Dabei werden die männlichen und weiblichen Erbfaktoren neu kombiniert, und es entstehen Nachkommen mit neuen Eigenschaften. Die Nachkommen tragen zwar Merkmale der Elternpflanzen, sehen jedoch untereinander nur selten identisch aus.

Hybriden

Kreuzungsprodukt zweier Arten oder Gattungen. Hybriden bekommen einen neuen Namen, der oft aus den Namen der Eltern zusammengesetzt ist und großgeschrieben wird.

Kindel, Keiki

Jungpflanze, die an der Mutterpflanze wächst, aus einem Auge am Stiel oder einem Auge an der Bulbe.

Kohlensaurer Kalk

Kohlensaurer Kalk ist ein wichtiger Zusatzstoff für das Orchideensubstrat. Er ist für Orchideen ein wichtiger Magnesium-Lieferant, ohne den sie nicht gut gedeihen können.

Korbkultur

Kulturform, bei der Orchideen in einem aus Holzstäben gefertigten Korb mit nur wenig Substrat, aber bei hoher Luftfeuchte kultiviert werden. Die Kulturform kommt der natürlichen, epiphytischen Lebensweise der Orchideen sehr entgegen.

Lippe

Auch Labellum genannt. Das nach unten weisende innere Blütenblatt einer Orchideenblüte. Meist besonders groß und anders geformt und gefärbt als der übrige Teil der Blüte.

Monopodial

Wuchsform mit nur einem Spross, der an der Triebspitze immer wieder neue Blätter hervorbringt.

Mykorrhiza

Ein Pilz, der mit den Wurzeln einer Pflanze eine Lebensgemeinschaft (Symbiose) eingeht, von der beide Partner profitieren.

Naturform

Auch Art oder Species genannt. Es handelt sich um Pflanzen, die den am natürlichen Standort vorkommenden entsprechen.

Petalen

Der aus drei Blütenblättern bestehende innere Blütenblattkreis inklusive der Lippe.

Pinienrinde

Grundsubstrat für die Orchideenkultur, das aus der Borke mediterraner Kiefern besteht. Es wird in verschiedenen Körnungen angeboten. Pinienrinde sollte in einem guten Orchideensubstrat einen Anteil von bis zu 80 Prozent ausmachen.

Pollinien

Die bei Orchideen zu Bündeln (kleinen Körnern) verklebten Pollen. Die Anzahl dieser Bündel ist für jede Orchideen-Gattung spezifisch.

Rhizom

Ausläuferartiger, niederliegender Spross. Bei manchen Pflanzen dienen Rhizome auch als Speicherorgane.

Samen

Der Samen von Orchideen wird in den Samenkapseln nach der Bestäubung gebildet. Er ist staubfein, da er nicht von Nährgewebe umgeben ist. In der Natur kann er nur mithilfe von → Mykorrhiza-Pilzen keimen, die den Samen mit Nährstoffen versorgen. Im Labor wird die Aussaat unter sterilen Bedingungen auf einem Nährmedium durchgeführt.

Säule

Auch Columna genannt. Staubblätter, Narbe und Griffel sind in der Orchideenblüte zur sogenannten Säule verwachsen. Sie ist ein spezifisches Merkmal der Orchideenblüte.

Sepalen

Der aus drei Blütenblättern bestehende äußere Blütenblattkreis inklusive Fahne.

Sorte

Erbgleiche Pflanzen, die vegetativ vermehrt wurden. Sie erhalten alle einen besonderen Namenszusatz. Dieser wird an den botanischen Namen angehängt. Sorten werden auch Klon oder Kultivar genannt.

Sphagnum

Auch Neuseelandmoos genannt. Wichtiger Bestandteil des Orchideensubstrats. Sphagnum kann Wasser sehr gut speichern und nach und nach wieder an die Wurzeln abgeben, ohne dass diese dauerhaft nass stehen. Es sollte in einem guten Orchideensubstrat bis zu 40 Prozent ausmachen.

Sporn

Schmaler, trichterförmiger, nach hinten gerichteter Fortsatz eines Blütenteils. Er ist oft mit Nektar gefüllt. Die bestäubenden Insekten verfügen über exakt zum Sporn passende Rüssel.

Substrat

Der Pflanzstoff, in dem die Orchideen stehen. Weil Orchideenwurzeln sehr empfindlich sind, muss Orchideensubstrat besondere Eigenschaften haben und darf sich z. B. nicht verdichten.

Sympodial

Wuchsform, bei der jeder Trieb abgeschlossen bzw. ausgewachsen ist und die neuen Triebe seitlich an der Basis der alten Triebe entstehen.

Terrestrisch

Als terrestrisch bezeichnet man Pflanzen, die im Erdreich wachsen.

Vegetative Vermehrung

Ungeschlechtliche Vermehrung, z. B. durch Ausläufer, Kindel oder durch die Gewebe- oder Meristemkultur. Dabei werden aus Pflanzenteilen der Mutterpflanze Zellen entnommen und zu Pflanzen herangezogen, die mit der Mutterpflanze identisch sind. Die Pflanzen tragen meist einen Sortennamen.

Velamen

Meist dicke, fleischige Schicht um die Hauptwurzel einer Orchidee, die Wasser speichern und langsam wieder an die Pflanze abgeben kann.

Zusatzstoffe

Zusatzstoffe sind Substanzen wie Holzkohle, Perlite, Vermiculite oder Seramis, die dem Orchideensubstrat zugesetzt werden können. Sie binden – wie z. B. die Holzkohle – überschüssigen Dünger oder speichern Wasser und machen das Substrat lockerer und stabiler.

Die **halbfett** gesetzten Seitenzahlen ver-
weisen auf Abbildungen, UK = Umschlag-
klappe.

Bezugsquellen

› Orchideengarten
J. Karge
Bahnhofstr. 24
21368 Dahlenburg
www.orchideengarten.de

› Kopf Orchideen
Hindenburgstr. 15
94469 Deggendorf
www.orchideen-kopf.de

› Orchideen-Kulturbedarf
Manfred Meyer
Eckenheimer Landstr. 334
60435 Frankfurt/Main
www.orchideen-online.de/
manfred_meyer.htm

› Gartenbau GmbH Chemnitzer Blumenring
Orchideenzentrum
Zschopauer Str. 277
09126 Chemnitz
www.orchideenzentrum-chemnitz.de

Wichtige **Hinweise**

› Einige der hier beschriebenen Pflanzen sind giftig oder hautreizend. Sie dürfen nicht verzehrt werden.

› Bewahren Sie Dünge- und Pflanzenschutzmittel für Kinder und Haustiere unerreichbar auf. Halten Sie Kinder beim Gebrauch fern.

› Wenn Sie sich bei der Gartenarbeit verletzen, sollten Sie umgehend einen Arzt aufsuchen. Eventuell ist eine Impfung gegen Tetanus erforderlich.

› Röllke Orchideenzucht
Flößweg 11
33758 Schloß Holte-Stukenbrock
www.roellke-orchideen.de
(mit Aussaatlabor)

› Schwerter Orchideenzucht
Bergstr. 8
58239 Schwerte/Ruhr
www.schwerter-orchideenzucht.de

› Wössner Orchideen
Hauptstr. 28
83246 Unterwössen
www.woessnerorchideen.de

Informationen und Vereine

› Deutsche Orchideen-Gesellschaft
e. V. (D.O.G.)
Flößweg 11
33758 Schloß Holte-Stukenbrock
www.orchidee.de

› Österreichische Orchideengesellschaft
Zweigverein Wien
Monika Ahl
Maschlgasse 28
A-1220 Wien
www.orchideen.at

› Schweizerische Orchideen-Gesellschaft
Postfach
CH-5000 Aarau
www.orchideen.ch

› Royal Horticultural Society (RHS)
www.rhs.org.uk/plants/registerpages/orchid_parentage.asp

› Royal Botanic Gardens, Kew
www.kew.org/wcsp/home.do

Ausstellungen

› Dresdner Ostern
Messering 6
01067 Dresden
jährlich 2 Wochen vor Ostern

› Münchner Orchideen Markt
Großgaststätte Heide-Volm
Bahnhofstr. 51
82152 Planegg
jährlich im Frühjahr

› Neu-Ulmer Orchideen Tage
Edwin-Scharff-Haus
Silcherstr. 40
89231 Neu-Ulm
jedes gerade Jahr im Frühjahr

› Orchideenschau Berlin
Botanischer Garten Berlin
Dahlem, Neues Glashaus
jedes gerade Jahr im Herbst

Literatur

› Röllke, Frank: Orchideen.
Gräfe und Unzer Verlag, München

› Erfkamp, Joachim: Orchideen-Handbuch. Kosmos-Verlag, Stuttgart

Bildnachweis

Alle Bilder von Guido Sachse.
Cover: *Phalaenopsis* Sogo Fairyland/
Guido Sachse
Der Fotograf dankt:
Röllke Orchideenzucht, Schloß Holte-Stukenbrock
Schwerter Orchideenzucht, Schwerte
Ludwig Orchideenzucht, Aerzen
Herrenhäuser Gärten Berggarten, Hannover
Botanischer Garten München-Nymphenburg

Gartenlust pur

Die neuen Pflanzenratgeber – da steckt mehr drin

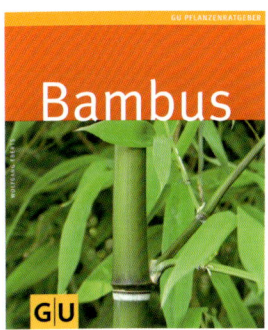

ISBN 978-3-8338-0530-1
64 Seiten

ISBN 978-3-8338-0875-3
64 Seiten

ISBN 978-3-8338-1371-9
64 Seiten

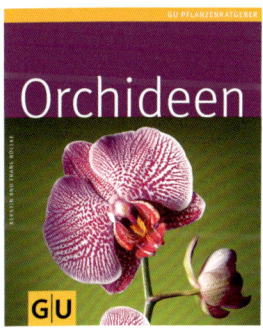

ISBN 978-3-8338-0527-1
64 Seiten

ISBN 978-3-8338-0532-5
64 Seiten

ISBN 978-3-8338-0533-2
64 Seiten

Änderungen und Irrtum vorbehalten.

Das macht sie so besonders:

Praxiswissen kompakt – vermittelt von GU-Gartenexperten

Praktische Klappen – alle Infos auf einen Blick

Die 10 GU-Erfolgstipps – so gedeihen Ihre Pflanzen gut

Willkommen im Leben.

Unsere Garantie

Alle Informationen in diesem Ratgeber sind sorgfältig und gewissenhaft geprüft. Sollte dennoch einmal ein Fehler enthalten sein, schicken Sie uns das Buch mit dem entsprechenden Hinweis an unseren Leserservice zurück. Wir tauschen Ihnen den GU-Ratgeber gegen einen anderen zum gleichen oder ähnlichen Thema um.

Liebe Leserin und lieber Leser,

wir freuen uns, dass Sie sich für ein GU-Buch entschieden haben. Mit Ihrem Kauf setzen Sie auf die Qualität, Kompetenz und Aktualität unserer Ratgeber. Dafür sagen wir Danke! Wir wollen als führender Ratgeberverlag noch besser werden. Daher ist uns Ihre Meinung wichtig. Bitte senden Sie uns Ihre Anregungen, Ihre Kritik oder Ihr Lob zu unseren Büchern. Haben Sie Fragen oder benötigen Sie weiteren Rat zum Thema? Wir freuen uns auf Ihre Nachricht!

Wir sind für Sie da!
Montag – Donnerstag: 8.00 – 18.00 Uhr;
Freitag: 8.00 – 16.00 Uhr *(0,14 €/Min. aus dem dt. Festnetz/Mobilfunkpreise können abweichen.)
Tel.: 0180 - 5 00 50 54*
Fax: 0180 - 5 01 20 54*
E-Mail:
leserservice@graefe-und-unzer.de

P.S.: Wollen Sie noch mehr Aktuelles von GU wissen, dann abonnieren Sie doch unseren kostenlosen GU-Online-Newsletter und/oder unsere kostenlosen Kundenmagazine.

GRÄFE UND UNZER VERLAG
Leserservice
Postfach 86 03 13
81630 München

Redaktion: Dr. Michael Eppinger
Lektorat: Barbara Kiesewetter
Bildredaktion: Daniela Laußer
Umschlaggestaltung und Layout: independent MedienDesign, München
Herstellung: Gloria Pall
Satz: Liebl Satz+Grafik, Emmering
Reproduktion: Longo AG, Bozen
Druck: Firmengruppe APPL, aprinta druck, Wemding
Bindung: Firmengruppe APPL, sellier druck, Freising

Printed in Germany

ISBN 978-3-8338-1610-9

1. Auflage 2009

GRÄFE UND UNZER

Ein Unternehmen der
GANSKE VERLAGSGRUPPE

Die Autoren

Kerstin und Frank Röllke züchten und vertreiben seit über 20 Jahren Orchideen in der eigenen Gärtnerei. Ihre Orchideen werden in der ganzen Welt verkauft, und ihr Betrieb erhielt auf Orchideen-Ausstellungen im In- und Ausland bereits zahlreiche Auszeichnungen. Seit vielen Jahren machen die Autoren ihr Wissen in Büchern publik und halten zahlreiche Vorträge. Beim Gräfe und Unzer Verlag sind bereits vier Titel zum Thema Orchideen erschienen.

Der Fotograf

Guido Sachse ist staatlich geprüfter Techniker für Gartenbau. In seiner Freizeit widmet er sich seit vielen Jahren mit großer Begeisterung der Naturfotografie. Sein besonderes Interesse gilt Landschaften und Pflanzen.